로봇의 자리

사람이 아닌 것들과 함께 사는 방법

전치형

서울대학교 전기공학부를 졸업하고 같은 대학 대학원 '과학사 및 과학철학 협동과정'에서 공부했다. 미국 MIT에서 과학기술사회론 STS: Science, Technology & Society 전공으로 박사학위를 받고 독일 막스플랑크 과학사 연구소에서 박사후연구원 과정을 밟았다. 현재 카이스트 과학기술정책대학원 교수로서 학생들과 함께 공부하고 있으며, 인간과 테크놀로지의 관계, 정치와 엔지니어링의 얽힘, 로봇과 시뮬레이션의 문화에 관심을 갖고 연구와 저술 활동을 하고 있다. 미세먼지, 세월호 참사, 지하철 정비, 통신구 화재 등의 사건으로부터 로봇과 인공지능, 4차 산업혁명과 인류세 등의 주제들까지 과학적 지혜와 사회적 합의가 필요한 영역들을 주목하고 고민한다. 2017년 창간한 과학잡지 『에피』 편집위원으로 활동하고 있으며, 그동안 펴낸 책으로 『미래는 오지 않는다』(홍성욱과 공저), 『호흡공동체』(김성은, 김희원, 강미량과 공저) 등이 있다.

로봇의 자리

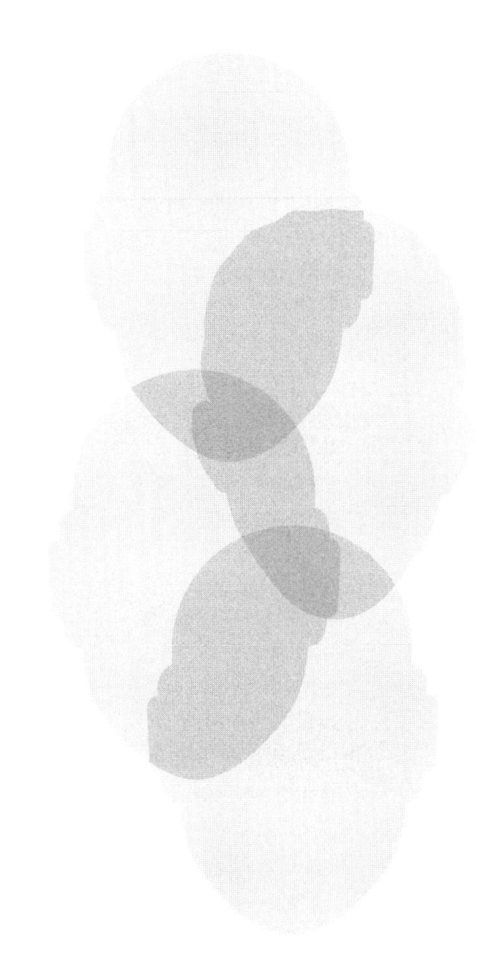

사람이 아닌 것들과 함께 사는 방법

전치형

이음

차례

프롤로그

로봇 길들이기

길들이다

1. (사람이 짐승을) 부리기 좋게 가르치다

2. (사람이 물건을) 오래 매만져서 보기 좋거나 쓰기 좋게 만들다

3. (사람이 대상에 취향을) 맞추어 익숙하게 하다

_『고려대 한국어대사전』

로봇을 어떻게 길들일 것인가. 이것은 지금 인간이 당면한 난제 중 하나다. "로봇을 길들인다"라고 말할 때 우리는 여러 가지 이미지를 떠올릴 수 있다. 말을 잘 듣지 않고 천방지

축 어디로 튈지 모르는 말썽꾸러기를 길들이는 상황일 수도 있다. 혹은 사나운 맹수가 우리의 생명을 위협하지 않도록 길들이는 상황일 수도 있다. 더 무서운 괴물이나 악당의 이미지도 떠올릴 수 있다. 오늘날 로봇에는 이런 말썽꾸러기, 맹수, 괴물의 이미지가 있다. 로봇은 우리의 명령을 거부하고, 우리를 일자리에서 몰아내고, 우리의 생각과 행동을 감시하거나 조종하고, 심지어는 전쟁터에 투입되어 사람의 생명을 해치는 결정을 내리게 될 것이라는 우려와 공포가 여기저기서 나온다. '길들이기'라는 표현은 이런 괴물 같은 로봇을 제압하고, 우리에 가두고, 훈육하는 행동을 떠올리게 한다.

하지만 '길들이기'에는 조금 다른 뜻도 있다. 그것은 어떤 대상을 오래 매만지고, 차분히 들여다보고, 깊이 이해하고, 같이 시간을 보내는 과정을 말한다. 생텍쥐페리의 『어린 왕자』에서 여우와 어린 왕자는 이런 대화를 나눈다.

> 여우는 입을 다물고 오랫동안 어린 왕자를 쳐다보았다.
> "제발… 나를 길들여줘." 여우가 말했다.
> "나도 정말 그러고 싶어." 어린 왕자가 대답했다,
> "그렇지만 내겐 시간이 많지 않아. 찾아내야 할 친구들도 있고 알아볼 것도 많아."

"우리는 우리가 길들이는 것만 알 수 있어." 여우가 말했다. "사람들은 이제 무엇도 알 시간이 없어, 그들은 상점에서 기성품을 사지. 그런데 친구를 파는 상점은 없으니까 사람들한텐 더 이상 친구가 없어, 네가 친구를 원한다면, 나를 길들여!"

"그럼 뭘 해야 하지?" 어린 왕자가 말했다.*

"길들인다"라는 말의 뜻을 묻는 어린 왕자에게 여우는 "관계를 맺는다"라고 설명해준다. 길들임은 친구가 되기 위한 과정, 공존하기 위한 조건이다. 길들임을 통해서 우리는 말썽꾸러기, 맹수, 괴물과도 친구가 될 수 있다. 인간과 닮았지만 인간은 아니어서 불안하고 두려운 존재인 로봇이 인간들 사이로 들어와 정착하려면 길들임의 시간이 필요하다. 적당한 거리를 두고 관찰하기, 어떤 존재인지 이해하려 노력하기, 낯선 환경에 적응하도록 도와주기, 지켜야 할 규칙을 알려주기. 이렇게 서로 길들이고 관계를 맺는 것은 로봇, 인공지능, 자율주행차 등 여러 이름과 형태로 등장하는 테크놀로지에

* 앙투안 드 생텍쥐페리 지음, 고종석 옮김, 어린 왕자 (삼인, 2021), 102-103쪽. 원문에는 따옴표 사용 없이 글자 색을 달리해 대화와 대화가 아닌 것을 구별하나, 여기서는 편의상 큰따옴표로 둘을 구별하였다.

대해 우리가 취해야 할 태도다. 새로운 테크놀로지를 디자인하고 사용하고 규제하는 것은 모두 길들이기의 과정이다.

어린 왕자와 여우, 어린 왕자와 장미의 관계와 달리 테크놀로지를 길들이는 것은 사회적이고 제도적인 과정이다. 그리고 이것은 인간 사회가 이미 여러 테크놀로지에 대해 꽤 잘해 온 일이다. 인간 사회는 전기도 길들여왔고, 자동차나 인터넷도 길들여왔다. 감전이나 폭발 사고를 막기 위해 표준과 규격을 정하고 안전장치를 설계했다. 자동차 타이어와 브레이크를 개선하고, 안전 교육을 실시하고, 안전벨트를 매도록 규제하고, 제한 속도를 설정했다. 이렇게 디자인과 윤리와 정책을 결합해서 테크놀로지를 길들이고 현명하게 활용하려는 노력을 우리는 계속 해왔다. 길들여지지 않은 테크놀로지는 인간 사회에 정착하지 못했고 인간의 삶과 문화에 크게 기여하지도 못했다. 로봇과 인공지능도 마찬가지다.

우리는 흔히 로봇의 능력을 과장하거나 과신하여 인간의 관찰과 개입이 없는 곳에 로봇을 홀로 두려고 한다. 로봇에게 없는 자율성을 억지로 부여하고서 인간은 이제 손을 떼도 된다고, 인간은 물러나는 것이 맞다고 말한다. 똑똑하고 자율적인 로봇에 대한 기대는 '성급한 무인화의 오류'로 이어진다. 로봇이 작동할 수 있도록 로봇의 뒤에서 옆에서 움직이고 있는 사람은 없는 셈 치기로 한다. 그러다가 사고가 난다. 사람은 인공지능 챗봇이 학습해서 내놓는 말에 상처를 받기도 하고, 알고리즘이 알아서 짜 주었다는 동선과 일정을 따라 물건을 배달하다가 지쳐 쓰러지기도 하고, 공장에서 감독관이나 동료 없이 일하다가 로봇에 몸이 짓눌려 죽기도 한다. 길들여지지 않은 로봇은 언제라도 인간에게 해를 끼칠 수 있다.

로봇을 길들이자는 것은 로봇에 대한 과도한 기대와 공포에서 벗어나서 로봇을 제대로 알아보자는 말이다. 어떤 존재인지, 무엇을 할 수 있고 무엇을 할 수 없는지, 인간에게 어떤 도움을 주고 어떤 위험이 될 수 있는지, 인간과 어떤 관계를 맺고 일할 때 가장 효과적인지 따져보자는 것이다. 로봇에게는 인간과 비슷한 부분이 있지만 로봇은 여전히 인간이 아니다. 로봇은 잘하는 일이 많지만 인간과 사회가 설정한 적정한 조건하에서만 그렇다. 사람이 혼자 맨몸으로 할 수 있는 일이 별로 없는 것처럼 로봇도 홀로 스스로 할 수 있는 일은 별로 없다. 로봇 길들이기는 로봇이 어떤 환경에서 어떤 일을 누구와 함께해야 하는지 설정하고, 절차를 점검하고, 그 결과를 평가하는 것이다. 그렇게 할 때에만 로봇은 인간 사회에 자리를 잡을 수 있다.

우리는 애써 관계를 맺고 자리를 잡도록 도운 상대가 무엇을 하는지, 어떻게 변모하는지, 어떤 어려움에 부딪히는지 주시할 의무가 있다. 『어린 왕자』에 나오는 여우는 우리가 길들인 것들에 대한 태도를 말한다.

> "사람들은 이 진리를 잃어버렸어." 여우가 말했다.
> "그렇지만 너는 그걸 잃어버리면 안 돼. 너는
> 네가 길들인 것에 대해 영원히 책임이 있어.
> 너는 네 장미에 대해 책임이 있어…"
> "나는 내 장미에 대해 책임이 있어…"
> 어린 왕자가 되풀이했다, 잘 기억하기 위해.*

로봇을 길들인다는 것은 결국 로봇에 대해 책임을 진다는 뜻이다. 우리는 로봇(으로 대표되는 신기술)을 만들어 관계를 맺고 일을 함으로써 사회를 특정한 방향으로 변화시킨다. 그 변화의 매 단계마다 우리는 로봇은 무엇이고 인간이란 무엇이며 어떤 세계를 만들 것인지에 대해 질문하고 대답한다. 그 과정에서 로봇이 맡아야 할 일과 그러지 말아야 할 일을

* 위의 책, 107쪽.

구분하고, 그 과정과 결과가 모두에게 고통스럽지 않도록 주의하는 것은 인간의 책임이다. 로봇이라는 대상을 두고 무작정 환호하거나 두려워할 것이 아니라 어떻게 길들이고 어떻게 책임질지 고민하는 동안 인간은 인간이 아닌 것들과 함께 살아가는 방법을 익힌다. 로봇을 길들이고 로봇의 자리를 찾아주면서 인간도 더 성숙한 인간이 되어간다.

⁂

2019년 4월에 『사람의 자리』를 펴낸 이후 과학에도 테크놀로지에도 한국 사회에도 많은 변화가 있었다. 코로나19가 모두의 삶을 뒤흔들어 놓으면서 과학, 의료, 정치, 사회가 관계를 맺는 방식에 대한 관심이 늘었다. 인공지능과 로봇에 기반한 4차 산업혁명이 진행중인지, 끝났는지, 아직 시작되지도 않았는지, 혹은 그것이 과연 혁명이긴 한 것인지에 대해서는 여전히 말이 많다. 기계를 다루고 시스템을 정비하다가, 그러니까 우리 삶을 떠받치는 일을 하다가 그 기계에 눌리고 치여 죽는 일은 계속되었다. 문재인 정부에서 과학과 기술은 얼마나 나아졌는지, 과학기술과 얽혀 돌아가는 삶들은 얼마나 나아졌는지 따져 묻는 목소리도 크다.

지난 2년 반 동안 한국의 과학-기술-사회에서 벌어진 일들을 목격하면서 쓴 글들을 추가하고 다듬어서 개정확장판을 준비했다. 그러면서 본래 한 권에 묶여 있던 글들과 새롭게 추가된 글들을 한데 모은 다음 두 갈래로 나누어 보았다. 과학과 사람과 사회의 관계에 대한 글은 『사람의 자리』에, 인공지능과 로봇처럼 인간과 밀접한 관계를 맺는 테크놀로지에 대한 글은 『로봇의 자리』에 담았다. 몇몇 글에서 문장을 다듬고 제목을 고치기도 했다.

과학 안에서 또 과학을 통해 사람의 자리를 마련하고, 인간 옆에서 또 인간을 통해 로봇의 자리를 발견하는 일에 대한 생각을 조금씩 쌓다 보니 두 권의 책이 되었다. 독자의 관심사에 따라 둘 중 어느 쪽을 먼저 읽어도 괜찮지만 두 권의 얘기가 서로 맞닿아 있음을 알아주시기를 희망한다.

1장

인간과 인조인간

로봇에 대해 우리가 물어야 하는 것

"로봇은 누구인가." 로봇에 대해 우리가 던지고 있는 모든 질문은 사실 이 단 하나의 질문으로 축약된다. 이 질문은 카렐 차페크의 희곡 『R.U.R.』(로줌 유니버설 로봇)에서 '로봇'이 등장한 이래 백 년 동안 끊임없이 변주되어왔다. 이에 더해, '이 질문 자체가 성립될 수 있는가'라는 질문도 계속되어왔다. 로봇은 결코 '누구'가 될 수 없으며, 그저 '무엇'일 뿐이라고 주장할 이들도 있기 때문이다. 『R.U.R.』의 등장 인물과 '등장 로봇'들은 — 저자의 의도와는 별개로 — 살아남아 오늘날까지 이 질문과 씨름하는 중이다.

『R.U.R.』의 로봇, 영혼이 없어서 유용한 인조 노동자

『R.U.R.』의 서막에서 헬레나 글로리오바는 '로줌 유니버설 로봇' 회사를 운영하는 도민의 사무실을 방문한다. 로봇의 '인권'을 옹호하는 단체인 '리가 휴머니티Liga Humanity'를 대표해서다. 그는 도민의 사무실에서 비서로 일하는 로봇 술라를 보고 인간으로 착각했다가 술라가 로봇이라는 사실을 듣고 깜짝 놀란다.

헬레나 (벌떡 일어나며) 이건 사기예요. 당신은 협잡꾼이군요. 술라는 로봇이 아니에요. 술라는 나와 같은 소녀예요. 술라 씨, 이건 부끄러운 일이에요! — 왜 이런 코미디를 하시는 거죠?

술라 저는 로봇입니다.

헬레나 아뇨, 아뇨. 당신은 거짓말을 하고 있어요! 오, 술라 씨! 미안해요, 알 거 같아요 — 저들이 당신에게 광고를 하도록 강요했군요. 술라 씨, 당신은 저와 똑같은 소녀죠, 그렇죠? 말해보세요!*

헬레나는 로봇에게도 영혼이 있으며, 인간과 동등한 존재이므로 인간과 같은 대접을 받아야 한다고 믿는다. 로봇이 이렇게나 사람과 똑같다면 그들에게 임금을 지급하고, 그들의 노동 조건에 신경을 쓰고, 그들이 느끼는 감정과 고통을 살피고, 또 투표권 같은 권리를 주어야 한다는 것이다. 헬레나는 로봇이 인간 밑에서 착취당하는 방식으로 일하는 것은 옳지 못하며 그들을 해방시키고 자유를 주어야 한다고 주장한다. 이에 대해 도민은 로숨 사의 로봇은 인간이 아니라고 단호하게 말한다. 자신들이 만들고 있는 것은 인간에게서 영혼을 뺀 존재라는 것이다. 로봇을 인간과 똑같이 만들고 싶은데 그렇게 못 해서가 아니라, 지극히 실용적인 관점으로 볼 때 그렇게 할 필요가 없어서다. 따라서 이 로봇들을 인간처럼 취급할 이유도 전혀 없다는 것이다. 여기서 도민은 로봇을 발명한 로숨 부자 중 '늙은 로숨'과 '젊은 로숨'이 로봇을 대하는 태도가 달랐음을 설명한다. 애초에 늙은 로숨은 "말 그대로 사람" 또는 새로운 인종이라고 할 만한 대상을 만들려고 했다. 반면 젊은 로숨은 늙은 로숨의 접근 방식을 버리고 인간에게서 쓸모없는 것들을 뺀 '인공적인 노동자'를 만

* 카렐 차페크, 『R.U.R.』, 유선비 옮김 (이음, 2020), 30쪽.

들어야 한다고 생각했다.

도민 기다려보십쇼! 뜨개질이나 셈을 할 때 필요 없는 것은 무엇일까요. 글로리오바 양, 디젤 엔진에 술 장식을 달거나 문양을 새길 필요는 없겠죠. 인공적인 노동자를 생산하는 것은 디젤 엔진을 만드는 것과 마찬가지입니다. (…)*

도민 (…) 일에 직접적으로 필요하지 않은 건 모두 제거해버렸습니다. 그렇게 함으로써 사실은 인간을 내던지고 로봇을 만든 겁니다. 존경하는 글로리오바 양, 로봇은 인간이 아닙니다. 로봇은 기계적으로 우리보다 더 완벽하고 명석한 사고력을 가졌지만 영혼은 없습니다. 오! 글로리오바 양, 공학자의 생산품은 자연의 생산품보다 기술적으로 더 정교한 것입니다.**

결국 가솔린 엔진을 만들듯이 인공적인 노동자를 대량으로 값싸게 생산하고자 했던 젊은 로줌은 인간과 명확하게 구별되는 로봇을 만드는 데 성공했다. 로봇은 인간과 유사하기 때문이 아니라 인간을 인간이게 하는 그 무엇, 즉 영혼을 제거했다는 점에서 성공작이었다. 따라서 우리는 로봇의 감정과 고통에 신경을 쓸 필요가 없고, 그저 그것을 싸게 사서 잘 쓰면 되는 것이다.

은유로서의 로봇 vs 기계로서의 로봇

『R.U.R.』이 무대에 오른 지 100주년이 되는 2021년에 『R.U.R.』을 읽는 독자는 헬레나의 주장에 공감하는 쪽과 도민의 설명에 고개를 끄덕이는 쪽으로 나뉠 수 있다. 헬레나와 도민의 입장을 각각 로봇에 대한 윤리적 관점과 실용적 관점이라고 부를 수 있다. 헬레나가 속한 리가 휴머니티의 회원 수는 20만 명이 넘는다. 그렇게 많은 사람들이 로봇을 억압에서 해방하고 인간과 동등하게 대우하라는 요구를 하

* 위의 책, 24쪽.
** 위의 책, 25쪽.

고 있는 것이다. 만약 리가 휴머니티가 로봇의 지위와 권리에 대한 온라인 국민 청원을 올렸다면 청와대가 대답을 내놓아야 할 정도의 숫자다. 이와 반대로 도민은 작업장에서 탈없이 일하는 로봇을 대량으로 만들어 판매하고, 이를 위해 새로운 모델을 개발하는 노력도 게을리할 수 없는 사업가다. 그의 입장에서 본다면 로봇은 관계를 맺을 대상이 아니라 거래 품목의 하나일 뿐이다. 인간적 처우가 아니라 품질 관리가 중요한 것이다. 2021년의 세계에서는 각종 로봇을 이런 관점으로 대하는 사람도 20만 명은 족히 될 것이다.

여기서 헬레나와 도민은 로봇이라는 명칭만 같을 뿐 실은 매우 다른 존재에 대해 이야기하고 있다. 『R.U.R.』에 등장하는 로봇은 노동하는 인간을 은유하는 동시에 인간이 만든 정교한 기계장치를 뜻하기도 한다. 은유로서의 로봇과 기계로서의 로봇 중 어느 것에 주목하는지에 따라 로봇과 인간의 관계에 대한 입장도 달라진다.

헬레나는 도민의 공장에 있는 로봇을 '강제로 노동하는 인간'으로 여긴다. 이때 로봇은 '로보타robota'(강제 노동)라는 체코어 어원에 가깝게 이해된다. 로봇을 노동자로 생각한다면, 특히 『R.U.R.』이 쓰여진 20세기 초반에 엄청난 규모로 공장에 유입되고 있던 노동 계급을 은유하는 것으로 생각한다면, 로봇은 공장에서 자본주의적 대량 생산의 새로운 규율을 체화하면서 탄생한 하나의 인간형이라고 할 수 있다. 이 로봇에서 우리는 프리츠 랑의 1926년 영화 〈메트로폴리스〉 도입부에서 무표정한 얼굴로 줄을 맞춰 지하 세계로 일하러 들어가던 사람들을 떠올릴 수 있다.

로봇을 오늘날 각종 작업장에서 기계처럼 일하고 있는 사람들과 연결 지을 때, 우리는 헬레나의 주장에 공감하게 된다. 비인간적인 조건에서 노동을 하고 있는 존재가 우리와 똑같이 생겼고, 똑같은 감정과 고통을 느끼는 존재라면, 헬레나처럼 그들의 인간다움을 강조하고 그들이 여느 인간과 똑같은 대우를 받아야 한다고 인정할 수도 있다. 이런 관점에서 도민은 노동자의 권리를 무시하고, 임금을 떼먹고, 가혹한 환경에서 일을 시키는 악덕 사용자일 뿐이다. 이에 대항하여 로봇 해방을 지지하는 헬레나와 리가 휴머니티의 입장은 당대의 노동 정책, 인권 정책, 복지 정책에 대한 비판으로 해석할 수 있다. "우리는 기계가 아니다"라는 20세기(또는 21세기) 노동 운동의 구호는 헬레나의 관점을 이해하게 된 『R.U.R.』의 로봇들도 따라 외칠 법한 구호다. "로봇은 기계가 아니다!"

그러나 로봇을 '강제로 노동하는 인간'의 은유가 아니

라 말 그대로 '인조인간', 즉 인간이 필요에 의해 인간 모양으로 만든 기계장치로 해석한다면 도민의 입장을 냉혹하거나 비윤리적이라고 비난할 수만은 없다. 로봇은 인간과 생김새나 동작이 유사할 뿐 절대 인간이 아니며, 기껏해야 '가짜 인간'일 뿐이라는 점을 인식한 도민은 가장 효율적이고 생산적인 방식으로 기계장치를 사용했을 뿐이다. 도민과 그의 동료들의 관점에서 볼 때, 자신에게 권리가 있는지도 모르고, 심지어 권리라는 개념도 모르는 기계장치에게 임금을 주고 투표권을 주는 것은 쓸데없는 일이다.

> 할레마이어　글로리오바 양, 그건 안 됩니다. 그들은
> 그냥 로봇입니다. 자기 의지도 없죠.
> 역사도 없어요. 영혼도 없고요.*

『R.U.R.』의 로봇을 노동하는 인간의 은유로 읽는 독자에게는 도민의 입장이 노동 착취를 합리화하는 자본가의 변명으로 들릴 것이다. 자본가는 노동자에게 의지와 영혼이 있다는 사실을 부정하고 싶겠지만, 노동자들은 마침내 자신의 의지

*　위의 책, 52쪽.

로 혁명을 일으키고 역사를 새로 쓴 것이라고 해석할 수 있다. 그러나 로봇을 기계로 취급하는 도민의 입장에서는 의지, 열정, 역사, 영혼이 없는 존재에게 억지로 권리를 부여하는 행위는 그저 인간이 자기 마음 편하자고 호들갑을 떠는 것이다. 직접 로봇을 만들어 파는 사람이 분명히 아니라고 하는데도 로봇을 굳이 인간과 동일한 존재라고 믿는 것은 그릇된 신념의 소산일 뿐이다.

로봇이 영혼을 가진 기계장치가 될 것이라는 상상

『R.U.R.』의 등장 인물들이 벌이는 논쟁은 백 년이 지난 지금도 여기저기서 목격할 수 있다. 로봇에게 영혼이 있는가? 로봇을 인간과 구별할 수 있는가? 물론 현재 우리 눈앞에 실재하는 로봇에 영혼이 있다고 주장하는 사람은 없을 것이다. 그러나 머지않은 미래에 그렇게 될 수도 있다고 생각하는 사람은 드물지 않게 볼 수 있다. 이들은 『R.U.R.』에 나오는 로봇을 당대 노동자의 은유가 아니라 21세기 후반쯤 실제로 등장할 놀라운 기계장치의 예시로 받아들이는 것 같다.

『R.U.R.』 무대 위에서 인간 형상을 하고 인간처럼 일하는 로봇으로부터 20세기 초의 노동자 혹은 21세기 초의 노동자를 떠올리는 대신 앞으로 기계가 진화해나갈 모습을 예측하는 식이다.

우리가 보고 만질 수 있는 현실의 장치로서 존재하는 로봇을 인간과 구별할 수 없게 될 날이 오리라는 믿음은 『R.U.R.』에 나오는 도민의 관점과 헬레나의 관점을 뒤섞어 놓은 것이다. 이들은 30년이나 50년 후에 인간이 만든 기계 장치가 대단히 발전해서 영혼을 가질 수도 있다고 믿거나, 적어도 로봇을 영혼이 있는 존재로 인정하는 것이 여러 모로 바람직하다고 믿는다. 도민처럼 오직 실용적 목적으로 로봇을 개량하다 보면 어느 날 갑자기 헬레나가 우려했던 상황에 부딪히게 될 수도 있으니 말이다. 여기에서 각종 윤리적, 법적 문제에 대한 고민이 시작된다. 정말 인간 같은 기계라면 인간과 같은 법적, 윤리적 지위를 누려야 하지 않느냐는 질문이 진지하게 제기된다.

'거의 인간' 존재를 투사하지 않고 로봇에 대해 이야기할 수 있을까

도민과 그의 동료들은 이런 관점의 로봇 윤리 논의를 쉽게 이해하지 못할 것이다. 특히 이 논의의 전제인, 로봇이 인간처럼 의지를 가지고 판단하고 행동하는 상황에 대한 가정이 도민에게는 마치 자신을 찾아 온 헬레나의 순진한 열정 정도로 보일지 모른다. 눈속임에는 능할지 몰라도 결국 가짜 인간에 불과한 로봇에게 의식, 열정, 영혼, 역사를 기대하고 로봇을 위한 권리와 윤리와 법의 변화를 논하는 것은 한가한 사고 실험 이상이 되기 어렵다고 생각할 것이다. 어쩌면 도민은 동물 모양의 로봇을 발로 차서 넘어뜨리는 영상을 보는 사람들이 느끼는 안타까움이나 죄책감도 이해하지 못할 것이다. 도민이 보기에 우리는 생산성을 높여주는 정교한 기계장치를 두고 괜한 호들갑을 떨고 있으며, 이게 다 로봇을 로봇으로 똑바로 인식하지 않아서 생기는 비이성적인 일이다.

로봇은 과연 은유가 아닌 기계로서 인간과 같은 상태에 도달할 수 있을까? 우리는 정말 노동하는 인간의 은유가 아닌 실제 기계인 로봇이 인간과 같은 자율성을 획득할 때를 예상하고 이 기계들에게 권리를 부여하는 문제를 고민해야 할까? 이는 현재 로봇의 법적, 윤리적, 사회적 이슈를 연구하는 학자들이 진지하게 대면하고 있는 질문들이다. 이들은 『R.U.R.』의 로봇이 은유를 벗어나 실재가 되는 미래를 대비하고자 한다. 그러나 우리는 1921년 '로봇'이라는 단어가 처음 등장한 곳이 무대였다는 사실을 여전히 기억해야 한다. 『R.U.R.』에서 은유로서의 로봇과 기계로서의 로봇, 상상의 로봇과 현실의 로봇이 섞여 있었다는 사실은 여전히 중요하다. 로봇이라는 기계에 인간 같은 자율성이 생기는 미래를 상정하고서 그 존재를 우리가 어떻게 대해야 하는지 물을 때, 우리는 로봇을 현존하는 인간, 그중에서도 인간 대접을 충분히 받지 못하는 인간의 은유로 사용하는 오랜 습관에 다시 빠지게 된다. 『R.U.R.』의 로봇이 조만간 우리 눈앞에 실재할 것이라고 믿고 그런 상황에 대해 진지하게 고민하면 할수록, 결국 우리는 현재 존재하는 인간에 대한 은유로서의 로봇을 다시 만나는 것이다.

"미래의 어느 날, 인간과 구별하기 어렵게 생긴 로봇은 인간과 똑같은 일을 해내고 있습니다. 이 로봇은 인간 노동자와 비슷한 임금을 받아야 할까요?" "미래의 어느 날, 인간 병사와 로봇 병사가 나란히 전투에 참여한다면 로봇 병사의 행동에 대한 책임은 누가 져야 할까요?" "미래의 어느 날, 로봇이 인간과 같은 정도의 사고력과 판단력을 가지게 되었다면 이 로봇은 국회의원 선거나 대통령 선거에 출마할 수 있는 권리를 가져야 할까요?" 가령 이런 식으로 로봇의 능력, 임금, 권리를 논하면서 장애인, 성소수자, 비정규직 또는 이주 노동자, 난민 등을 떠올리지 않기는 어렵다. 인간이지만 완전히 인간은 아닌 '거의 인간almost human' 취급을 받는 존재들을 투사하지 않으면서도 우리는 오직 고도로 발달한 기계인 로봇에 대해서만 이야기할 수 있을까?* 로봇은 인간과 기계의 본질적 차이가 무엇인지 묻기보다는 현실 세계에서 인간이 다른 인간을 어떻게 취급하고 있는지 묻는다. 우리가 로봇에게 법적, 사회적, 윤리적 지위를 부여하려 할 때 생기는 고민은 인간과 비교하여 로봇의 진짜 정체가 무엇인지를 규명한다고 해결되지 않는다. 로봇은 인간이라는 종의 고유하고 단일한 지위에 도전하는 것이 아니라 각종 인간들 사이에 설정된 위계를 비집고 들어오기 때문이다.

* Claudia Castañeda and Lucy Suchman, "Robot Visions," *Social Studies of Science* 44 (2014), pp. 315-341.

해야 할 질문은 더 이상 '로봇은 누구인가'가 아니다

그렇다면 이제 "로봇은 누구인가" "로봇에게 영혼이 있는가"라는 식의 질문에서 벗어날 때가 되었다. 로봇의 본질은 무엇이고 인간의 본질은 무엇인지 따지기보다, 구체적 인간(집단)이 로봇과 어떤 관계를 맺고서 어떤 일을 하는지 따지는 데에 더 많은 시간을 써야 한다. 『R.U.R.』의 후반부에서 로봇은 지금껏 자신들을 부려왔던 인간을 모두 죽이는 이른바 '킬러 로봇'이 된다. 헬레나는 유모 나나와 함께 로봇이 사람을 죽였다는 신문 기사에 대한 대화를 나눈다.

나나 (한 자 한 자 읽는다) "로-봇-군인들은 정-복-지-에서 아-무-도 살-려-두-지 않-는-다. 살-살육-70만 명 넘는 시-민-들-을 학살했다 —" 헬레나 아가씨, 사람들을 죽였대요!

헬레나 말도 안 돼! 어디 봐 — (신문 쪽으로 몸을 숙이고 읽는다) "그들은 분명하게 지휘관의 명령에 따라 시민들을 70만 명 넘게 학살했다.

이 행동은 맞지 않는 —" 자, 봐봐, 나나.
이건 사람들이 명령한 거잖아!*

그러므로 '킬러 로봇'은 헬레나의 로봇이기도 하고 도민의 로봇이기도 하다. 마치 사람처럼 자의식과 욕망을 갖춘 것 같다가도, 알고 보면 명령에 따라 영혼 없이 임무를 수행하는 존재다. 영혼의 유무에 관계없이 로봇은 인간과의 관계 속에서 인간의 생사를 가르는 일을 할 수 있다.

자신을 만든 인간을 넘어서고, 마침내 인간을 공격하고 죽이는 로봇은 『R.U.R.』 이후 영화 〈터미네이터〉 시리즈를 비롯해 많은 SF 작품의 모티프가 되었다. 이런 '킬러 로봇'을 두고 로봇이 마침내 인간 같은 자율성을 획득한 것인지, '킬러 로봇'에게는 영혼이 있는지 따지는 것은 현실에서 무익하다. 스스로 공격 대상을 설정하고 방아쇠를 당기는 자율살상무기LAWS, lethal autonomous weapons systems는 픽션에 나오는 인간형 로봇 캐릭터에 그치지 않으며, 몇몇 나라의 군대에서 실제로 개발하고 있는 기계장치이기 때문이다. '킬러 로봇'은 로봇에 영혼이 있는지 또는 로봇이 인간처럼 판단할 수

* 위의 책, 91쪽.

있는지의 여부가 아니라, 인간의 개입 없이 로봇의 계산과 판단에 따라서 다른 인간들을 죽여도 괜찮은지에 대해 문제를 제기한다. 로봇은 자의식을 얻었기 때문에 사람을 죽이는 것이 아니라 그렇게 하도록 허용하는 조직과 제도와 법률이 있기 때문에 사람을 죽인다. 현실의 '킬러 로봇'에 대해 백 년 묵은 질문을 반복하는 대신에 해야 할 일은 "국제 사회 또는 한국 정부는 로봇이 직접 타깃을 고르고 방아쇠를 당기도록 허용할 것인가"라고 구체적으로 묻는 것이다. 이렇게 함으로써 헬레나의 윤리적 문제 의식을 받아들이되 도민의 현실적 관점도 잃지 않을 수 있다. 로봇을 명확히 정의하기 어려운 것은 로봇공학자들이 설명하듯이 로봇 기술이 빠르게 발전하고 있기 때문만은 아니다. 로봇이 누구인지, 무엇인지 말하기 어려운 것은 로봇은 언제나 픽션과 결합한 현실이기 때문이다. 은유로서의 로봇과 기계로서의 로봇을 분리하는 것도 불가능하다. 로봇은 기계이고, 동물이고, 노동자이고, 이민자이고, 군인이다. 로봇에게는 영혼이 있을 때도 있고 없을 때도 있다. 로봇이 복잡하고 모호한 것은 이 세계가 그렇기 때문이다. 그래서 우리는 "로봇은 누구인가"라는 재미있지만 무익한 질문을 앞으로도 반복하게 될 것이다.

로봇에게
묻지 말아야 할 것

2018년 1월 30일에 열린 'AI 로봇 소피아 초청 컨퍼런스 — 4차 산업혁명, 로봇 소피아에게 묻다'라는 행사는 대한민국 서울에 서둘러 도착한 미래의 모습을 보여주었다. 홍콩에 있는 핸슨로보틱스에서 2016년에 개발한 로봇 소피아는 사람 여성처럼 생겼다. 자신이 미국에서 '착상'되어 홍콩에서 '태어났다'라고 소개하는(연합뉴스TV) 소피아는 2017년 10월에는 로봇 최초로 사우디아라비아에서 명예시민권을 받았다고 해서 화제가 되었다. 홍콩 태생의 사우디아라비아 '로봇 시민권자'가 한국을 방문한 것은 더불어민주당 박영선 의원의 초청 덕분이었다.

박 의원과 소피아는 로봇이 대체할 인간의 직업에 대해, 인간과 로봇이 사랑에 빠질 가능성에 대해, 문재인 대통령과 촛불혁명에 대해 대화를 나누었다. 소피아에게 던져진 여러 질문 중 '권리'와 '안전'에 대한 것이 특히 눈에 띄었다. 굳이 로봇에게 물을 필요는 없었던 이 질문들은 오히려 2018년 한국 사회의 모습을 잘 드러내주었다.

박 의원은 로봇에게 '전자인간'이라는 법적 지위를 부여하는 문제에 대한 의견을 물었다. 소피아는 자신에게도 해당되는 '로봇의 권리'에 대해 어떻게 생각할까. 사우디아라비아의 '로봇 시민권자' 소피아는 미리 준비한 듯, 무난한 대답을 내놓았다. 하지만 소피아의 대답 자체보다 더 흥미로운 것은 로봇에게 시민적 권리를 부여하고 싶어하는 우리의 태도다. 박 의원은 언론 인터뷰에서 서울을 '4차 산업혁명'의 전진 기지로 자리매김하는 상징적인 조치로 소피아에게 '명예시민권'을 주는 '진취적인 생각'을 할 필요가 있다고 말했다. 이미 사우디아라비아 명예시민권을 얻은 두 살짜리 로봇 소피아에게 굳이 색동저고리와 분홍 치마를 입히고, 대한민국 서울의 명예시민권까지 주려는 시도를 어떻게 이해해야 할까.

일본의 로봇 문화를 연구하는 인류학자 제니퍼 로버트

슨은 자이니치, 난민, 이주노동자 등 일본 사회에서 일하고 살면서도 동등한 권리를 누리지 못하고 차별받는 비일본인 거주자에 비해, 각종 로봇과 애니메이션 캐릭터에게는 쉽게 호적이나 명예주민표가 발급되는 상황의 모순을 지적한 바 있다. 인간의 권리는 거부되기 일쑤지만 로봇의 권리는 기꺼이 주어진다는 것이다. 소피아가 사우디아라비아 시민권을 받았을 때도 로봇이 사우디의 보통 여성보다 복장, 여행 등에서 더 많은 자유와 권리를 가지게 되었다는 냉소적인 논평이 있었다.

난민, 이주노동자, 장애인, 성소수자 등이 자신의 존재를 증명하고 인정받기 위해 발버둥 쳐야만 하는 한국에서도 '로봇 시민권자'의 방문은 사람의 권리, 즉 인권의 현실에 대한 자각으로 이어질 수 있다. 유난히 까다롭다는 한국의 난민 인정 절차를 기다리며 오도 가도 못하고 있는 사람들과 국회의원의 초청으로 박수를 받으며 한국에 들어온 소피아의 차이, 휠체어에 탄 채 고속버스도 제대로 이용할 수 없는 장애인과 가만히 앉아만 있어도 어디든 모시고 다니는 소피아의 차이는 무엇인가. 낯설다는 이유로 각종 혐오의 언어와 물리적 폭력에 시달리는 사람이 많은 이곳에서, 우리는 로봇과 공존하고 사랑에 빠지는 미래를 기대해도 괜찮을까.

대화 후반에 이르러 박 의원은 소피아에게 일종의 윤리적 딜레마를 제시했다. 큰 화재 현장에서 구조를 기다리는 아이 한 명과 노인 한 명을 발견했는데 그중 한 명만 구할 수 있다면 누구를 구하겠느냐고 물은 것이다. 자율주행차 알고리즘이 사고를 피할 수 없는 긴급 상황에서 누구를 살리고 누구를 치어야 하는지를 묻는 '트롤리 문제'의 소방 구조 버전인 셈이다. 묻는 사람은 많고 답하려는 사람은 한 명도 없는 이상한 문제다. 소피아는 '논리적'으로 생각해서 출구 가까이에 있는 사람을 구하겠다는 대답을 하고 넘어갔다.

이것이 '4차 산업혁명 시대'에 꼭 물어야 하는 유의미한 질문인 것처럼 포장될 수 있다는 사실이 2018년 한국 사회의 맥락을 보여준다. 소피아를 보러 온 사람들 중에 전·현직 소방관이 한 명이라도 있었는지는 모르겠지만, 소피아가 받은 질문 자체의 잔인함은 소방관이 아니라도 느낄 수 있다. 제천에서, 밀양에서, 그 외의 숱한 현장에서 불길을 뚫고 다행히 노인과 아이를 구해서 나왔거나, 어떻게든 구해보려다 다치거나 사망한 소방관과 의료진이 있음을 우리는 알고 있다. 이들은 그 질문에 뭐라고 대답할까.

규정을 지키지 않고, 허술한 법규를 내버려두고, 용도를 변경하고, 점검을 소홀히 하고, 소방 인력과 장비를 늘리지 않은 채로 있다가 노인과 아이를 모두 잃는 참사를 겪으면서도, 우리는 똑똑하다는 인공지능 로봇이 노인과 아이 중 누구를 구할 것인지 따위나 궁금해한다. 로봇에게 누구를 구하겠느냐고 물어서 우리는 어떤 대단한 구조 원칙을 세우려 하는 것일까? 인공지능 로봇의 윤리성을 떠보는 사고실험은 두뇌에는 자극이 될지 몰라도 소방 안전과 인명 구조에는 아무런 도움이 되지 않는다. '4차 산업혁명, 로봇 소피아에게 묻다'라고 했지만, 로봇은 미래에서 온 예언자가 아니다. 로봇은 '권리'에도 '안전'에도 별 관심이 없다. 우리의 무관심을 로봇이 덮어줄 수도 없다.

대신 로봇은 우리 자신을 비춰보는 거울 정도는 될 수 있다. 우리는 소피아를 통해 스스로를 직시하고 점검할 수 있다. 로봇과 대화하고 사랑에 빠질 수 있는지만 묻지 말고, 로봇의 권리를 고민할 정도의 사회에서 인간의 권리는 어떤 처지에 있는지 따져보자. 또 딜레마 아닌 딜레마에 빠져 갈팡질팡하지 말고, 노인이든 아이든 사람을 더 구하기 위해 어떤 시스템을 갖추고 있는지를 점검해보자. 로봇의 쓸모는 여기에 있는지도 모르겠다.

⁂

로봇 소피아는 아직도 세계 곳곳을 돌며 인공지능 전문가 행세를 하고 환대를 받는다. 최근 몇몇 인공지능 및 인공지능 윤리 연구자들은 소피아 같은 이벤트용 로봇을 사람 취급하며 홍보하는 행태를 강하게 비판하기 시작했다. 가령 영국 바스 대학의 조애나 브라이슨은 소피아가 기조연설을 하는 것처럼 홍보하는 '세계 AI 쇼World AI Show' 행사에 참가해 달라는 요청을 받고서 주최 측에 강한 항의의 메시지를 보냈다. 소피아의 연설이 누군가 써준 원고를 그저 읽는 것이라는 사실을 명시하고 그 주체를 밝히라는 요구였다. 또 소피아가 참석하는 패널에는 반드시 소피아를 만든 프로그래머가 동석하여 사람들이 소피아에게 던지는 질문에 대답하도록 하라는 요구도 담았다. 소피아라는 존재와 소피아의 입에서 나오는 언어에 대해 책임지는 사람을 명확히 하라는 것이었다. 로봇은 우리가 풀지 못한 딜레마를 대신 풀어주고 우리가 져야 할 책임을 대신 져주는 해결사가 아니다. 로봇은 인간의 곤란한 처지에 아무런 관심이 없다. 인간에게 무심한 로봇을 있는 그대로 무심하게 대할 줄 아는 인간이 더 많이 필요하다.

난민과 로봇

"미래에서 온 이민자" 영국의 주간지 『이코노미스트』가 2014년 3월에 실은 로봇 관련 특집기사의 제목이다. 로봇이 미래에서 현재로 건너온 존재라는 생각은 낯설지 않다. 그럼 로봇이 이민자라는 건 무슨 뜻일까? 친구도 아니고 악당도 아니고 왜 이민자일까?

특집기사는 러시아 태생의 미국 과학자이자 작가인 아이작 아시모프가 쓴 로봇 이야기를 일종의 이민자 이야기로 읽을 수 있다고 말한다. 아시모프의 부모는 그가 세 살 때 미국으로 건너가 뉴욕 브루클린에 자리를 잡은 이민자였다. 아시모프가 자라며 겪은 1930년대 이민자들의 정서가 그의 로봇 이야기에 담겨 있다는 것이다. 로봇은 왜 이민자일까? "불평 없이 시키는 일을 하고, 지루하고 더럽고 위험한 일을 도맡아 하고, 자신들이 어떤 면에서는 주인보다 낫다는 사실을 종종 실감하고, 주인이 분노와 공포를 주체하지 못해 저지르는 집단 학살의 위험에 처해 있다"는 점에서 그렇다.

요즘 한국에서 로봇 이야기는 무엇에 관한 이야기인가? 적어도 이민자 이야기는 아니다. 아름다운 '공존'의 이야기에 더 가깝다. 자신이 인간이 될 수 있다는 어떤 증거도 제시하지 못한 로봇을 놓고 우리는 가족의 일원으로 들이겠다거나, 친구가 되고 싶다거나, 연인이 되지 말란 법도 없다고 말한다. 2015년 tvN에서 방영한 '하이테크 시골예능' 〈할매네 로봇〉, 2016년 JTBC에서 방영한 시사 다큐 〈공존 실험 — 로봇, 인간 곁에 오다〉는 로봇이 시골 노인들의 손주나 친구가 되어주리라는 기대를 숨기지 않는다. 2018년 KBS에서 방영한 드라마 〈너도 인간이니?〉는 "무엇보다 편리하고, 누구보다 따뜻하며, 인간보다 인간다운, 그런 로봇이 평생 당신을 지켜준다면?"이라고 묻는다. 최근 한국에서 유통되는 로봇 내러티브는 몇십 년만 지나면 이들이 인간이 아니라고 자신 있게 말하기 어려울 만큼 로봇과 인간이 서로 비슷해질 것으로 전망한다. 지금 우리는 로봇이라는 '가짜 인간'과 공존하게 될 날을 손꼽아 기다린다.

로봇과 친구나 연인이 되는 것은 각자 마음먹기에 달린 일이지만, 로봇이 난민이 되는 것은 전혀 가능하지 않다. 난민법 2조는 난민을 "인종, 종교, 국적, 특정 사회집단의 구성원인 신분 또는 정치적 견해를 이유로 박해를 받을 수 있다고 인정할 충분한 근거가 있는 공포로 인하여" 자기 나라의 보호를 받지 못하거나 돌아갈 수 없는 사람이라고 정의한다. 보호나 복귀를 원하지 않는 경우도 포함한다. 로봇이 난민이 될 수 없는 것은 로봇은 애초에 박해받을 수 없기 때문이다. 로봇에게는 박해의 구실이 되는 "인종, 종교, 국적, 또는 특정 사회집단의 구성원인 신분"이 없고 "정치적 견해"가 없다. 아무리 인간처럼 보인다고 해도 로봇은 결국 사회적 존재가 아니라는 것이다.

로봇과 '공존'하자고 쉽게 말할 수 있는 것은 로봇이 절대 난민 같은 존재가 아니라고 믿기 때문이다. 로봇에게는 역사, 문화, 종교, 신념 등 인간을 고귀하게 만들기도 하고 위험하게 만들기도 하는 것들이 없으므로, 그냥 우리 사이에 들어와서 살아도 골치 아플 일이 없다고 생각하는 것이다. 로봇은 누군가에게 박해받을 일이 없으므로 누군가에게 위협이 될 일도 없어 보인다. 이처럼 무해한 로봇과 공존하는 데에는 대단한 노력이 필요하지 않다. 조금만 마음을 열면 된다.

로봇의 위험이나 윤리를 따질 때 항상 등장하는 아시모프의 '로봇공학 3원칙'도 이민자나 난민 이야기로 읽을 수 있을까? 아시모프는 1940년대에 발표한 단편들에서 인간과 로봇의 관계를 설정하는 원칙 세 가지를 도입했다. 로봇은 인간에게 해를 입혀서는 안 되고, 인간의 명령에 복종해야 한다는 것이 첫째와 둘째 원칙이다. 셋째 원칙은 앞의 두 원칙에 어긋나지 않는 한에서 로봇이 자신의 존재를 보호해야 한다는 것이다. 물론 이런 원칙을 심각하게 적용해야 할 만큼 인간 사회에 들어와서 인간과 공존하는 로봇은 아직 없다. 자기 생각과 의지를 가진 로봇이 등장하면 인간이 어떻게 대응해야 할지에 대해 상상해보는 정도다. 그러나 아시모프의 3원칙을 로봇이 아닌 이민자와 난민에게 대입하면 현실의 문제에 훨씬 가까워진다. 이때 3원칙은 낯선 땅에서 주눅 들기 마련인 이민자와 난민도 남에게 해를 끼치지 않고 각자 해야 할 일을 한다면 자기를 지키며 살 수 있어야 한다는 바람처럼 들리기도 한다. 이민자와 난민을 대할 때 적어도 로봇에게 하는 만큼이라도 열린 마음을 가져달라는 호소로 읽을 수도 있다.

우리가 난민에게 느끼는 공포는 지금은 난민이 된 어떤 사람이 자국에서 흡수하며 살아온 낯선 역사, 문화, 종교, 신념에 대한 두려움이다. 그가 체화하고 있는 온갖 낯선 것들이 우리에게 해를 끼칠 수 있다고 느끼는 것이다. 그렇다면 난민은 아시모프의 첫째 원칙부터 지킬 수 없어 실격 대상이 되고 만다. 우리는 난민의 주인이 아니고 난민은 우리 명령에 복종해야 할 의무가 없으므로 둘째 원칙도 적용할 수 없다. 그래서 난민은 로봇보다 위험한 존재로 여겨진다.

하지만 우리를 두렵게 하는 난민의 역사, 문화, 종교, 신념은 무색무취한 가짜 인간인 로봇과 달리 그들이 진짜 인간이라는 증거다. 난민이 아시모프의 '로봇공학 3원칙'으로 재단할 수 없는 개별적이고 다양하고 복잡한 존재, 즉 인간이라는 뜻이다. 적어도 우리가 로봇을 공존의 대상으로 맞이할 때보다는 더 인간적으로 다가가야 할 이유이기도 하다. 세 가지 원칙만 지키면 로봇과도 같이 살 용의가 있는 우리는, 난민과 같이 살지 않으려고 얼마나 많은 원칙을 만들어내고 있는가.

⁂

로봇이 소설, 드라마, 영화의 매력적인 소재인 것은 로봇이라는 대상에 인간관을 마음대로 투영할 수 있기 때문이다. 로봇이 등장하는 많은 픽션에서 로봇은 단지 기계장치가 아니라 인간의 어떤 종류와 특성, 인간의 어떤 변형, 또는 인간과 유사하지만 인간이 아닌 어떤 존재를 재현한다. 로봇은 '유사 인간'일 수도 있고, '거의 인간almost human'일 수도 있고, '가짜 인간'일 수도 있고, '포스트휴먼'이거나 '슈퍼휴먼'일 수도 있다. 또 로봇은 노동자, 여성, 장애인,이주민, 난민 등 주류 사회가 사회적 성원으로서 자리를 마련해주는 데에 인색한 사람들의 은유가 되기도 한다. 그러므로 한 사회가 로봇을 대하는 태도는 로봇이 어떤 기술적 성능을 갖추었는지에 상관없이 그 사회가 각종 인간들을 어떻게 다루는지에 따라 달라지기도 한다. '친구', '연인', '동반자' 등 로봇과 인간의 관계를 주로 부드럽고 따뜻하게 묘사하는 것은 로봇과 인간이 맺는 다양한 사회적 관계의 일부만 반영하는 것이다. 많은 경우 로봇은 인간과 까다롭고, 불편하고, 때로는 부당한 관계를 맺어왔다. 미래의 로봇과 인간의 관계도 이런 역사의 흐름에서 크게 벗어나지는 않을 것이다.

스티븐 호킹과 '4차 인간'

"우리는 영원할 수 있을까?" "인간은 기계인가?" "어떻게 기계와 공존할 것인가?" EBS가 2018년 3월 초에 사흘 연속으로 방영한 다큐멘터리 〈4차 인간〉은 매회 하나씩 질문을 던졌다. 로스앤젤레스 캘리포니아대학UCLA의 로봇공학자 데니스 홍 교수가 해설을 맡아 인공지능, 뇌과학, 로봇 연구의 현장을 소개하면서 인간의 의미를 고민하는 내용이었다. 데니스 홍 교수에 관한 데이터를 모으고 분석해서 '데니스 홍봇'을 만들어 가족, 친구와 대화를 시도하는가 하면, 인공지능 스피커를 장시간 사용한 사람이 거기에 감정을 느끼게 되는지 실험하기도 했다.

2016년 3월, 알파고와 이세돌의 대국 이후로 모든 매체가 계속 비슷한 질문들을 하고 있다. 데이터가 곧 나인가, 뇌가 곧 나인가, 인간은 인공지능과 무엇이 다른가, 우리는 로봇과 같이 살 수 있는가 등등. 이에 대해 누구도 만족스러운 답을 제시하지 못했다. 딱히 답을 기대하고 묻는 질문이 아니기 때문이다. 답하기가 어려운 더 중요한 이유는 이 질문들에 들어간 '나', '우리', '인간'이 모두 추상적이고 보편적인 관념으로 설정되어 있기 때문이다. 지구에 사는 모든 사람을 대표한다고 믿으면서 하는 질문에는 답이 있을 수가 없다.

2018년 3월 세상을 떠난 스티븐 호킹 박사가 '4차 인간'인지는 모르겠지만, 그의 삶과 죽음은 다큐멘터리에서 던진 질문들을 조금 더 구체적으로 생각하는 데에 도움이 된다. 매우 구체적인 한 인간인 호킹의 이름을 대입하면 모든 질문이 조금씩 어색해지기 때문이다.

스티븐 호킹은 영원할 수 있을까? 정보와 뇌를 통해 영원히 남을 법한 인간을 꼽자면 호킹은 일순위에 오를 것이다. 호킹 자신도 뇌의 정보를 컴퓨터로 옮겨 신체의 죽음 이후에도 존재를 유지한다는 생각을 언급한 적이 있다. 대중문화 속에서 호킹은 '통 속의 뇌'의 형상으로 묘사되기도 했다. 몸의 근육이 거의 힘을 쓰지 못하므로, 심오한 물리학 이론을 만들어내는 그의 뇌가 곧 호킹 자신과 다름없다는 생각이 반영된 것이다.

하지만 오랜 시간 호킹을 따라다니며 관찰한 인류학자 엘렌 미알레가 지적했듯이, 호킹이 위대한 물리학자 호킹으로 '활동'하는 것은 그의 뇌만으로 가능한 일이 아니었다. 간호사, 비서, 엔지니어, 지도 학생, 동료 연구자, 가족 등 여러 사람들이 참여해서 수십 년 동안 호킹이 물리학자로 살아갈 수 있도록 지원했다. 미알레의 연구는 이들이 그저 호킹이 지시한 일을 수행한 것이 아니라 호킹의 과학적 아이디어가 생겨나고, 발전하고, 확산되는 과정에 함께 참여했다는 점을 보여준다. 물리학자 호킹은 자신의 천재적인 뇌 속에 머물러 있던 것이 아니라, 폭넓은 인적 네트워크의 지원을 받고 그 안에서 존재했다. 호킹의 뇌를 복제하고 남기는 것이 위대한 물리학자 호킹을 영원히 보존해주지 못하는 이유다.

스티븐 호킹은 기계인가? 스티븐 호킹은 어떻게 기계와 공존했는가? 그의 뇌가 놀랍도록 성능 좋은 컴퓨터였다고 말할 수도 있을 것이다. 하지만 그의 삶 자체가 놀랍도록 다양한 기계와 연결되어 있기도 했다. 호킹이라는 사람은 기계가 아니었지만, 기계는 호킹의 삶의 조건이었다. 호킹은 기계 덕분에 움직였고, 기계를 통해 말을 했고 또 연구를 했다.

살아 있기 위해, 물리학을 하기 위해 그는 기계와 '공존'해야만 했고, 수많은 사람들이 호킹이 기계와 편안하고 효과적으로 연결되는 데에 기여했다.

미알레는 호킹의 삶에서 최고의 천재만이 아니라 지속적인 관심과 지원이 필요한 조건을 안고 살아가는 사람을 본다. 호킹은 뉴턴이나 아인슈타인과 비슷한 만큼 평창 패럴림픽에 참가했던 선수들과도 비슷하다. 호킹이 최고의 과학자가 되도록 도운 사람, 기술, 제도의 네트워크는 모든 사람에게 필요하다. 호킹이 영국 국가보건서비스NHS의 공개적이고 적극적인 옹호자였다는 사실은 우연이 아니다.

과학자로, 인간으로 길이 기억될 호킹을 통해 우리는 '4차 인간'이라는 질문을 다시 생각할 수 있다. 우리는 영원을 향해 나아가는 존재가 될 수도 있겠지만 단지 뇌와 정보로서 영원하지는 않을 것이다. 호킹의 유산은 그의 뇌 밖에서 다양한 형태로 오래도록 남을 것이다. 우리는 기계가 아니지만 기계 없이는 살 수가 없다. 그건 '4차 인간'도 마찬가지일 것이다. 우리는 이미 기계와 공존하고 있지만, 우리와 기계의 관계는 주위의 여러 사람, 조직, 제도의 도움을 통해서만 유지될 수 있다. 호킹을 미래에 도래할 특별하고 초월적인 '4차 인간'의 사례로 설정하는 것은 그의 인간성을 가려버리는 일이다. 그는 '4차 인간'을 예고하는 대신 이 시대를 살았던 '그냥 인간'의 강력하고 영원한 증거가 되었다.

⁂

'4차 인간', '기계 인간', '알파 인간' 등 소위 4차 산업혁명을 거치면서 강하고 특별해질 미래의 인간형을 일컫는 용어들이 쏟아져 나왔다. 2016년 알파고와 이세돌 9단이 대국을 벌인 무렵부터 시작된 일이다. 미래에 도래할 인간의 모습을 상상하고 전파하는 이들은 인간이 인간 아닌 존재로 변화할 가능성에 주목한다. 몸도 다르고 마음도 달라서 지금과는 다른 종이라고 불러야 할 상태가 되리라는 전망에 흥분한다. 심지어는 그런 가능성이 현실이 될 때까지 자기 몸을 얼려서라도 기다리겠다는 사람도 있다. 호킹은 이 모든 호들갑을 부추기는 근거가 될 수도 있고 가라앉히는 진정제가 될 수도 있다. 호킹을 전자로 보는 사람들은 호킹이 통상적인 인간의 몸에 의지하거나 얽매이지 않고서 정신과 정보만으로도 위대한 성취를 이룰 수 있음을 증명했다고 믿는다. 호킹은 자신을 정보화하고 기계화하여 새로운 존재가 된 것이다. 호킹을 후자로 보는 사람들은 호킹에게서 일반적 인간, '그냥 인간'의 조건과 삶의 방식을 발견한다. 그는 근육에 힘이 빠지면서 세상으로부터 고립될 위험에 처했지만, 다른 방식으로 세상과 연결하는 법을 만들어냈고 주변에서 이를 부지런히 도왔다. '그냥 인간'도 이미 여러 사람과 기계의 네트워크 속에서 존재한다. 굳이 '4차 인간'을 기다릴 필요가 없다.

같은 걸음, 다른 세상

"인간과 기계가 함께 일할 때." 2016년 10월 8일, 취리히에 있는 스위스 아레나 앞에는 이런 문구를 담은 포스터가 붙어 있었다. '최초의 사이보그 올림픽'이라 불리는 사이배슬론 행사가 열린 날이었다. 여섯 개 종목으로 구성된 이 대회에는 장애인, 공학자, 의학자가 함께 꾸린 66개 팀이 참가했다. 첨단 의족과 의수, 휠체어와 강화 외골격, 뇌파 감지 장치 등의 도움을 받은 장애인들이 기계와 사람의 힘을 합쳐 실력을 겨루었다. 한국에서도 고려대 뇌공학과 이성환 교수 팀, 연세대 작업치료학과 김종배 교수 팀, 서강대 기계공학과 공경철 교수 팀이 각기 다른 종목에 참가했다.

언론에서는 '사이보그'라는 단어를 많이 사용했지만, 경기에 참가한 장애인 선수들을 일컫는 공식 용어는 '파일럿'이었다. 파일럿은 수많은 기술에 둘러싸여 도움을 받으면서도 자율적으로 비행기를 조종해 앞으로 나아가는 사람이다. 저마다 크기와 종류가 다른 기술과 결합하여 사이배슬론에 나선 이들을 파일럿이라고 부르는 것은 그래서 적절해 보였다. 시험적으로 방송하는 텔레비전 프로그램을 칭할 때처럼, 남들이 하지 않은 것을 처음 시도한다는 의미에서도 그들은 파일럿이었다.

공경철 교수팀(SG메카트로닉스, 세브란스재활병원)의 파일럿은 1998년에 사고로 두 다리가 마비된 김병욱 씨였다. 그는 전동장치를 통해 다리를 움직일 수 있게 해주는 강화 외골격을 갑옷처럼 착용하고 트랙 앞에 섰다. 소파에 앉았다 일어나기, 일렬로 선 막대 사이를 지그재그로 통과하기, 문 여닫기, 징검다리처럼 놓인 돌을 밟고 걸어가기, 경사면 밟고 지나가기를 거쳐 마지막 과제인 계단 오르내리기를 하려고 대기하던 김병욱 씨는 크게 기합을 넣었다. 경기장 내 대형 화면으로 그의 근육이 떨리는 것이 보였다. 계단을 올라갔다 내려오던 중 서너 계단을 남겨두었을 때 제한시간 10분이 다 지났다. 그는 끝까지 계단을 내려와 경기를 마쳤다.

사이보그 파일럿들의 경기를 지켜보면서 자연스레 2015년 여름 미국에서 열린 다르파 로봇 챌린지 대회가 떠올랐다. 카이스트 오준호 교수 팀의 로봇 휴보가 다르파 대회에서 우승했듯이 공경철 교수 팀의 파일럿 김병욱 씨가 3위에 오르는 좋은 결과를 냈기 때문만은 아니었다. 로봇과 파일럿이 수행해야 하는 과제에는 비슷한 것이 많았다. 무엇보다 혼자 앞으로 걸어가야 한다는 점이 같았다. 넘어지지 않고 걷는 것 자체가 공학의 성취이자 인간의 승리였다. 또 김병욱 씨처럼 휴보도 거친 지형을 통과하고, 문을 열고, 계단을 올라야 했다. 휴보와 김병욱 씨가 힘겹게 계단에 발을 올렸을 때 관중은 큰 박수로 고된 연구와 훈련 과정을 인정하고 앞으로 인간과 기술이 함께 디딜 걸음을 미리 축하했다.

대체로 닮은 점이 많았던 다르파 로보틱스 챌린지와 사이배슬론은 휴보와 김병욱 씨가 과제를 수행하는 시나리오의 설정에서 주목할 만한 차이를 보였다. 두 경기장은 바깥세상에서 로봇과 사람이 겪을 수 있는 상황을 모사해놓았다. 그 안에서 김병욱 씨와 휴보는 비슷한 동작을 했지만, 하나는 평범한 일상생활을, 다른 하나는 급박한 재난 현장을 배경으로 깔고 있었다. 사이배슬론이 장애인들이 살면서 항상 맞닥뜨리는 조건들을 제시했다면, 다르파 로보틱스 챌린지는 후쿠시마 원자력발전소 사고로 오염된 현장에 사람이 들어갈 수 없어서 로봇이 투입되어야 하는 절망적인 상황을 상정했다. 김병욱 씨는 지금껏 밟지 못했던 거리를 스스로 걸어보려 했고, 휴보는 인간이 사라진 파국의 현장을 수습하러 걸어 들어갔다. 같은 걸음이지만, 다른 세상이었다.

로봇을 만들거나 사이보그가 되면서 우리는 어떤 세상을 상상한다. 앞당겨야 할 세상도 있고, 막아내야 할 세상도 있다. 우리는 파일럿 김병욱 씨를 통해 인간이 만든 길이 모든 인간에게 열려 있는 세상을 상상하고, 로봇 휴보를 통해 인간이 만든 땅에 인간이 들어가지 못하는 일이 없는 세상을 상상할 수 있다. 김병욱 씨가 사이배슬론에서 성공적으로 수행한 시나리오는 현실에서 반복 재생되어야 하지만, 다르파 로보틱스 챌린지에서 휴보에게 주어진 시나리오는 경기장 밖에서 현실이 되지 말아야 한다. 스위스 아레나를 빠져나오면서 나는 김병욱 씨가 사이배슬론 경기장을 걷듯 서울 거리를 걷게 되는 날을 상상했다. 큰 지진에 이어 발생한 원전 사고 때문에 휴보가 경상도 어딘가로 투입되는 날은 상상하지 않기로 했다.

⁂

2017년 12월, 세상은 다시 한번 휴보의 걸음에 주목했다. 휴보가 평창동계올림픽 성화 봉송 주자로 나서서 카이스트 캠퍼스 도로를 따라 걸었기 때문이다. 올림픽 역사상 최초의 로봇 성화 봉송이었다. 바로 앞 주자인 로봇공학자 데니스 홍 UCLA 교수가 달려와 휴보에게 성화를 전달했다. 성화를 받아든 휴보는 무릎을 꿇고 바퀴를 굴려 도로 위에 설치된 벽을 향해 나아갔다. 벽 근처에서 몸을 일으켜 걷기 시작하던 휴보는 곧 중심을 잃고 휘청거렸다. 주위에서 대기하던 연구원들의 도움을 받아 다시 선 휴보는 다른 손에 들고 있던 전동 드릴로 벽에 구멍을 뚫었다. 2015년 다르파 로보틱스 챌린지 때 수행했던 임무의 재연이었다. 구멍 난 벽 건너편에는 '휴보의 아버지' 오준호 교수가 기다리고 있었다. 휴보는 아버지뻘인 인간에게 성화를 옮기는 것으로 이날의 임무를 성공적으로 마무리했다.

12월 기준으로도 유난히 추웠던 그날, 성화도 옮기고 벽도 뚫느라 고생하는 휴보를 보며 나는 궁금해졌다. 그 자체로는 아무런 효용도 없고 오직 상징적 의미뿐인 성황 봉송이라는 행위를 로봇에게 맡기는 것에는 또 어떤 의미가 있을까? 성화를 들고 앞으로 굴러가거나 걸어가는 휴보를 보면서 사진을 찍고 환호를 보낸 사람들은 어떤 세상을 상상하고 있는 것일까? 벽 앞에 선 휴보가 잠시 휘청거린 것은 추운 날씨와 인파 속에 제어 신호가 잠시 말썽을 일으켰기 때문이겠지만, 왠지 그 장면은 어떤 세상으로 걸어가야 할지 아직 방향을 잡지 못한 로봇의 처지를 은유하는 것만 같았다. 이날 모인 인파가 휴보의 걸음에 보낸 박수는 한 해 전 사이배슬론에서 김병욱 씨의 걸음이 받았던 박수와 같은 쪽을 향하고 있는 것일까?

돌봄 로봇은 누구를 돌볼까

일본 가나가와현의 한 노인요양기관은 2017년 '허그'라는 로봇을 도입해서 6주 동안 시험적으로 운용했다. 정규직과 임시직을 합쳐 직원 37명이 노인 80명을 돌보던 곳이다. 허그는 노인이 로봇을 끌어안듯이 체중을 실어 기대면 로봇팔을 감아 노인을 일으켜 세운다. 인류학자 제임스 라이트는 허그의 도입 과정을 관찰하고 돌봄 직원들을 인터뷰한 결과를 지난해 논문으로 출판했다. 과연 로봇이 노인을 돌보는 일에 도움을 줄 수 있었을까?

허그가 수행하는 노인 '일으키기'는 요양기관에서 가장 기본적이고 일상적인 행위 가운데 하나다. 노인들은 온종일

침대, 화장실, 목욕실, 거실 사이를 계속해서 이동하고, 그때마다 자리에서 일어나야 한다. 혼자 힘으로 일어나기 어려운 노인들은 돌봄 직원이 허리를 굽히고 안아서 일으켜줘야 한다. 80명의 노인 가운데 49명이 돌봄 인력의 도움을 받아 이동했고, 이들은 24시간 동안 모두 400번가량 일어나는 것으로 집계됐다. 즉, 사람이든 로봇이든 '일으키기' 작업을 하루에 400번 수행해야 한다는 것이다. 노인을 일으키는 일은 아침과 저녁 시간에 몰려 있었고, 이로 인해 돌봄 직원들은 허리 통증에 시달리는 경우가 많았다. 이들은 복대를 차기도 하고 진통제를 먹기도 하면서 일했다.

허그 도입 실험은 성공하지 못했다. 여러 돌봄 직원들은 노인을 일으키는 일상적 행위에 허그를 사용하는 데에 부정적인 반응을 보였다. 우선 로봇을 작동하는 일에 시간과 노력이 꽤 많이 들었다. 허그가 노인을 한 번 일으키려면 90초 정도 걸렸다. 바쁘게 돌아가는 돌봄 일과 중에 로봇을 작동할 시간은 없을 것이라는 얘기였다. 또 로봇을 사용하는 것이 노인들에게 '실례'가 될 것이라는 우려도 제기되었다. 돌봄이란 '인간 대 인간'으로 행하는 것이어야 하므로 내 몸 대신 로봇으로 노인을 일으키는 것은 적절하지 않다는 것이다.

허그에 대한 논문을 다시 꺼내 읽은 것은 『한겨레』 권지

담 기자가 쓴 「대한민국 요양보고서」 기사를 읽었기 때문이다(2019년 5월 15일). 허그 도입을 고려하게 만든 허리 통증과 부상은 권 기자가 한 달간 요양보호사로 일한 한국 요양원에도 똑같이 있는 문제다. 권 기자는 "온몸이 뻣뻣하게 굳은 70킬로그램이 넘는 노인을 침대에서 휠체어로 옮기다 허리를 삐끗하는 일은 일상다반사였다. (…) 요양보호사 2명이 각각 노인의 겨드랑이를 어깨에 걸치고 양쪽에서 들어 올린 뒤 휠체어에 내려놓는 일을 반복하다 보면 땀이 비 오듯 했다"라고 기록했다. 이곳에서도 일본처럼 허그 로봇을 시험해볼 필요가 있을까?

하지만 기사를 읽어나가다 보니 로봇이 다 무슨 소용인가 싶다. 가나가와 요양기관의 로봇 도입 실패기는 한가한 먼 나라 얘기처럼 느껴진다. 37명이 노인 80명을 돌보면서 일과가 바빠 로봇 사용이 어렵다거나 로봇이 노인에게 '실례'가 된다는 말은 사치스럽게 들린다. 법에 따르면 노인 다섯 명당 요양보호사 두 명이 있어야 하지만, 권 기자가 일한 요양원에서는 노인 28명을 세 명이 돌볼 때도 있었다. 권 기자는 한 달 동안 자신이 한 일이 '돌봄'이 아니라 '처치'였다며 "시간이 흐를수록 '어떻게 잘 돌볼 것인가'가 아니라 '어떻게 다 처리할 것인가'에 대해 고민했다"고 고백했다. 로봇 때문에 사람 일자리가 줄어드는 것이 아니라 사람이 너무 없어 로봇을 활용할 여유도 없는 이상한 상황이다.

그런데도 한국의 요양원에 허그 같은 로봇을 도입한다면 그것은 인간의 돌봄 노동을 기계적, 비인간적 행위로 강등시키는 것이 아니라, 지금의 기계적인 '처치' 과정이 로봇의 느린 움직임 덕분에 조금이라도 인간적인 리듬을 회복하는 역설적인 효과를 낼 것이다. 로봇을 준비하고 작동하는 동안 잠시 노인과 대화를 나눌 수도 있겠다. 한국의 요양 현실에서 로봇은 노인을 돌보는 것이 아니라 돌봄 인력을 돌보기 위해 도입돼야 할지도 모른다.

2019년 6월 3일 국립재활원은 '돌봄 로봇 심포지엄'을 열고 권 기자와 노인 및 장애인 돌봄 당사자들을 초청해서 '돌봄의 어려움'에 대한 발표를 들었다. 국립재활원에서 추진하는 돌봄 로봇 사업을 소개하는 자리기도 했다. 로봇을 도입할 수 있는 최소한의 인적 조건을 갖추는 일부터 시작하면 좋겠다. 적어도 현장에 로봇을 작동할 사람은 있어야 하지 않겠는가.

모험하는 로봇, 방황하는 인간*

"(알파고는) 절대 모험을 안 해요. 자기가 아무리 완벽해도 모험을 안 하는 것 같습니다."
_ 이현욱 8단, 알파고-이세돌 제3국 현장 해설 중

"올해는 '인공지능'이란 말이 사용된 지 딱 60년이 되는 해입니다. 인정하든, 인정하고 싶지 않든 60년의 성취가 2,500년의 역사를 이겨낸 오늘…… 인류는 또 다른 미지의 세계로 들어갑니다."
_ 손석희, JTBC 〈뉴스룸〉 앵커브리핑

알파고의 모험

알파고는 모험을 하는가, 하지 않는가? 이세돌 9단과 알파고의 대국을 지켜본 사람들의 최우선 관심사는 물론 둘 중 누가 더 바둑을 잘 두는지였지만, 그에 못지않게 흥미로운 관전 포인트는 누가 반상 위에서 모험을 하는가였다. 이세돌 9단이 평소의 기풍을 살려 실험적이고 모험적인 바둑을 둘 것인가? 또 인공지능인 알파고는 과연 모든 인간의 예상을 뛰어넘는 모험적인 수를 보여줄 것인가? 대국이 시작되자 알파고는 분명 많은 이들이 깜짝 놀랄 법한 수를 두었다. 하지만 현장 해설을 맡은 이현욱 8단의 판단을 빌리자면 알파고는 바둑판 위에서 모험을 하지는 않았다. 예상을 뛰어넘은 수였지만 모험적인 수는 아니었다는 것이다. 다만 알파고는 이현욱 8단이 생각하듯이 "자기가 아무리 완벽해도 모험을 안 하는 것"이 아니라, '완벽하기 때문에' 모험을 하지 않는 것처럼 보였다. 가로세로 열아홉 줄의 광활하지만 유한한 반상에서 알파고의 행보는 모험적이 아니라 보수적이고 계산적이었고, 모험을 감행한 것은 오히려 이세돌 9단, 특히

* 이 글은 2016년 5월 23일에 두산인문극장에서 강연한 내용을 바탕으로 했다.

제4국의 이세돌 9단이었다. 역시 모험은 인간만이 할 수 있는 일인가.

알파고의 모험은 반상의 한 수와 다음 수 사이의 도약이 아니라 바둑판을 사이에 두고 이세돌 9단과 마주앉은 사건 자체를 가리킨다고 볼 수도 있다. 그 모험은 많은 사람들에게 신선한 충격이었다. 기계가 공략하기에 가장 어려운 인간의 게임이라고 알려진 바둑을 '스스로' 익힌 후, 자신의 실력을 시험하기 위해 바다 건너에 존재하는 최고수 인간을 찾아와 대결을 청하고, 모두를 깜짝 놀라게 한 승부 후에는 집으로 돌아가 원래 하던 공부와 일을 계속하는 모험 서사의 주인공이 우리 눈에 비친 알파고의 모습이었다. 알파고가 둔 한 수 한 수는 모험을 멀리하는 듯 보였을지 몰라도, 인간의 영토에 침투하여 인간이 정한 규칙에 따라 돌을 놓아 집을 짓고, 인간의 돌과 다투고 또 타협하는 일련의 과정은 가히 모험이라 부를 만했다.

알파고의 이 같은 행보에 '모험'의 내러티브를 투사하는 행위 자체가 바로 이 대국과 이 시대의 특수성을 보여준다. 물론 이 모험의 주체가 알파고가 아니라 그 뒤에 있는 사람들이라고 주장하는 것도 가능하다. 4대 1의 대국 결과는 인공지능이 아니라 컴퓨터 엔지니어들의 승리이며, 새로운 영역을 개척하는 모험을 한 것은 알파고가 아니라 데미스 하사비스와 그의 회사 딥마인드DeepMind 라는 해석이 이에 해당한다. 심지어는 알파고를 통해 인류 전체가 신비로운 모험을 떠나게 되었다는 식으로도 말할 수 있다. 2016년 3월 9일 첫 대국 이후 손석희 앵커가 "인류는 또 다른 미지의 세계로 들어갑니다"라고 선언한 것이 그런 사례다. 그러나 실제 행위의 주체가 누구인지에 상관없이, 엔지니어들과 그들을 지원하는 팀이 아니라 알파고를 문장의 주어 자리에 스스럼없이 배치하는 것, 알파고를 생각하고 결정하고 행동하는 실체로 인정하는 것, 이것이 오늘날 인간이 경험하고 있는 언어적·기술적·사회적 현상이다.

바둑이 결국 공간에서 집을 짓고 영토를 겨루는 게임이라는 점을 고려하면, 알파고와 이세돌의 대국을 '모험'이라는 단어를 통해 생각해보는 것이 큰 무리는 아닐 것이다. 이것을 누구의 모험이라고 부르든 간에, 2016년의 한국에서 알파고와 이세돌의 대국이 요즘 보기 드문 모험적인 행동, 실패의 위험을 무릅쓴 과감한 시도라고 인식되고 있는 것은 분명하다. 알파고는 지난 2,500년간 인간이 점령해온 바둑(판)이라는 영토로 불쑥 들어온 모험가인 셈이다. 알파고는 지금까지 위대한 인간 기사들에게만 허락되었던 영토에서 혼자 힘으로 집을 내고 살아남을 수 있을 것인가. 이것이 우리 모두의 초미의 관심사였고, 알파고는 땅을 개척하고 집을 만드는 일을 혼자 할 수 있을 뿐만 아니라 인간과 다른 방식으로 할 수 있음을 보여주었다. 인간은 바둑이라는 영토, 또는 바둑이 상징하는 인간의 어떤 영역을 더이상 독점하지 못하고 인공지능 기계와 공유하게 되리라는 사실이 드러났다. 인간은 이제 새로운 영토를 찾아 떠나는 모험가의 역할만이 아니라, 멀리서 찾아온 모험가를 맞이하는 원주민의 역할도 맡게 되었다.

모험하는 로봇

알파고에서 출발한 이야기를 '로봇'으로 확대해보자.* 이 세계에는 이미 모험을 하고 있는, 즉 인간의 영역 안으로 들어와서 새로운 영토를 개척하려는 로봇들이 많이 있다. 알파고는 이 중 가장 최근에 일어났고 가장 극적인 방식으로 가장

* 알파고를 우리가 흔히 '로봇'이라 부르는 기계들과 연결시키는 것은 물리적인 하드웨어의 유사성이 아니라, 인간의 개입을 최소화한 상태에서 마치 '스스로' 생각하고 행동하는 듯한 장치를 구현하려는 이상의 유사성 때문이다.

많은 사람들에게 그 존재를 알린 사례라고 할 수 있다. 강력한 연산 능력과 정교한 모터를 갖춘 이 장치들은 체스, 퀴즈, 바둑과 같은 게임의 테두리 안에 머무르지 않고 인간 삶의 다양하고 구체적인 영토 안으로 들어와서 자리를 잡으려는 시도를 계속하고 있다. 많은 이들이 알파고가 우리에게 미래를 충격적으로 보여주었다고 말하지만, 실제 로봇들은 현재의 이곳저곳에서 실험 혹은 모험을 벌이고 있다. 지금 로봇은 어떤 모험을 하고 있는가? 인간은 왜 로봇에게 계속 새로운 임무를 맡기고 새로운 곳으로 내보내는가? 인간은 로봇에게 어떤 영토, 어떤 자리까지 내어줄 준비가 되어 있는가?

이 질문들에 대한 답은 인간의 장소에 따라 달라진다. 인간의 영역 곳곳으로 들어가는 로봇의 모험은 국제적인 현상이라고 할 수 있지만, 그 구체적인 양상은 각 사회의 역사적 경험과 문화적 조건을 반영하기 마련이다. 최근 몇 년간 한국에서 로봇이 감행하는 모험 중 주목할 만한 세 가지를 명령의 형태로 표현하자면 '인간을 가르쳐라', '인간을 돌보아라', '인간을 구하라'가 되겠다. 첫 번째는 호기심 많지만 산만한 아이들이 있는 교실에서 로봇이 선생님 역할을 맡아 학습의 효율과 재미를 높이려는 시도다. 로봇 선생님이 학생들의 관심을 끌어 학습 내용에 대한 집중력을 높일 수 있으리라 기대하는 것이다. 두 번째는 외로운 사람들, 특히 노인들에게 가족과 친구 대신 로봇이 찾아가서 위로와 웃음을 주려는 실험이다. 생기 없는 로봇이 주는 위안이 짧고 억지스러울지 몰라도, 아무도 없는 것보다는 훨씬 낫다고 믿는 것이다. 세 번째는 인간의 생명이 위태로운 재난 상황에서 동료 인간들의 수색 구조 활동이 어렵거나 불가능할 때 로봇의 손길을 빌리려는 계획이다. 인간이 감당할 수 없는 환경 속으로 거리낌없이 들어갈 수 있는 로봇의 역량을 믿어보는 것이다. 교실이라는 공간에서 인간을 가르치고, 인간의 옆자리에서 인간을 돌보고, 재난이라는 상황에서 인간을 구하는 것이 요즘 한국에서 로봇에 기대하는 역할들이다.

이 세 가지 사례를 소개하는 것은 로봇이 이런 일들을 할 수 있는지 따지기 위해서가 아니다. 선생님 로봇, 친구 로봇, 구조 로봇의 성능과 가능성을 분석하자는 것이 아니라 이 로봇들이 우리 사회의 어떤 난제, 모순, 가치관 등을 체화해서 보여주고 있는지 살펴보자는 것이다. 여기서 던지려는 질문은 '로봇의 모험적인 시도가 인간과 그 사회에 대해 무엇을 말해주는가'다. 로봇을 상상하고 개발하고 사용하는 것은 사회적으로 중요한 문제들에 나름의 의미를 부여하고 그것을 해결하기 위한 하나의 방법을 제안하는 과정이다. 동시대인들의 현실 인식과 의지와 한계가 결합하여 로봇을 어떤 문제의 가장 매력적인 해결책으로 보이게 만드는 것이다. 이런 점에서 로봇은 다가올 미래사회를 예고할 뿐 아니라 현재의 상태와 조건을 드러내 보여주는 역할을 한다. 또 로봇은 우리가 어떤 사람들이며, 무엇을 원하고, 어떻게 살고 싶은지 자문하도록 만든다. 로봇은 우리에게 답이 아니라 질문을 던진다.

로봇의 모험이 던지는 질문 중 첫 번째는 '왜, 또는 과연, 그 일을 하기 위한 인간이 거기에 없는가'라는 것이다. 교실에, 노인들의 옆에, 재난 현장에 왜 사람 대신 로봇이 들어가게 되는가? 사람이 없어서인가, 혹은 사람이 비싸고 무능해서인가? 인간은 다 어디에 있는가? 로봇의 모험이 던지는 두 번째 질문은 '로봇은 누구인가'다. 인간의 영토에 들어오는 로봇은 잠시 왔다가 사라질 방문자인가, 아니면 이 땅에 정착해서 일하고 살아갈 이민자인가? 방문자와 이민자는 어떻게 구별할 수 있는가? 우리는 방문자와 이민자에게 얼마만큼의 물리적·심리적 자리를 내어줄 준비가 되어 있는가? 모험하는 로봇 옆에서 생각해볼 세 번째 질문은 '로봇은 인간의 도움이 필요하지 않은가'다. 과연 로봇은 그 어려운 일들을 혼자, 스스로 할 수 있는가? 힘겨워하는 로봇은 누가 어떻게 도와야 하나? 자율성이 부족한 로봇과 자율성이 부족한 인간은 어떻게 협력해야 하는가?

인간을 가르쳐라

선생님 로봇의 대표적인 사례는 한국과학기술연구원KIST에서 개발한 잉키Engkey라는 로봇이다. 2010년에 처음 선보인 이 교육용 로봇은 그해 『타임』이 선정한 최고의 발명품 50선에 이름을 올렸다. 잉키는 그 이름이 말해주는 대로 영어를 가르치는 로봇이다. 잉키는 학생들에게 말을 걸고 질문에 대답할 수 있을 뿐만 아니라 교실 곳곳을 돌아다니기도 한다. 펭귄 모양으로 생긴 잉키의 얼굴 위치에 있는 스크린은 백인 여성의 얼굴을 보여주는데, 이는 로봇 선생님과 사람 학생 사이의 상호작용을 위한 인터페이스가 된다.

2010년과 2011년에 29개 학교에서 잉키를 시범 운영했을 때 『뉴욕타임즈』를 비롯한 국내외 언론이 한국의 로봇 선생님 소식을 보도했다.* 영어 선생님 로봇 잉키는 영어 선생님의 부족, 특히 원어민 영어 선생님의 공급 부족이라는 교육 현실을 배경에 두고 있다. 잉키는 영어 교육이 필요한 국내 어디에서든 사용 가능한 로봇이지만, 특히 원어민 영어 선생님을 구하기 힘든 시골 지역에서 그 가치를 발휘할 것으로 기대되었다. 사회경제적인 이유로 생겨나는 영어 교육 기회 불균형을 비교적 저렴한 로봇을 통해 해결할 수 있다는 것이다.

잉키를 착상하고 개발하여 도입하는 과정을 검토하다 보면 자연스럽게 한국의 영어 교실, 더 넓게는 한국의 교육 현실에 대한 질문이 떠오른다. 왜 한국에서 원어민 영어 선생님 부족이 문제가 되는가? 필요한 만큼의 원어민 영어 선생님들을 찾을 수 없다는 문제의 해결책으로 왜 스크린에 백인 여성의 얼굴을 띄운 로봇이 등장했는가? 영어 교실에서 학생을 가르칠 사람들은 없었는가? 왜 한국의 모든 학생들이 '원어민'에게서 '진짜' 영어를 배워야만 하는 처지가 되었는가? 이런 질문들을 통해 우리는 잉키가 매우 한국적인 로봇 프로젝트라는 사실을 깨닫게 된다. 그것은 잉키를 개발한 주체가 한국의 대표적인 과학기술 연구소이기 때문만은 아니다. 잉키에 대한 관심과 수요의 배경에는 온 국민이 영어를 잘해야 한다는 압박에 시달리고, 영어 실력이 사회적 성

* Sang-Hun Choe, "Teaching Machine Sticks to Script in South Korea," *The New York Times*, 10 July 2010.

공의 필수 조건이자 척도로 여겨지는 한국 사회의 강력한 영어중심주의가 있다는 뜻이다. 잉키는 로봇을 통한 영어 학습이 가능한지 시험해보는 기술적 프로젝트인 동시에, 영어라는 언어와 그것을 모국어로 쓰는 원어민에 대한 한국 사회의 동경을 집약적으로 보여주는 문화적 현상이다.

잉키의 얼굴에 해당하는 백인 여성 이미지의 스크린 너머를 확인하는 순간 잉키의 한국적 특성이 더 선명하게 드러난다. 교실 바깥에서 원격조종을 통해 잉키를 작동하는 사람은 스크린에 떠 있는 백인 여성이 아니라 필리핀 모처의 콜센터에 앉아 있는 필리핀 여성이다.* 유창한 영어 사용자인 이 필리핀 여성은 백인 여성의 얼굴에 가려진 채 원격으로 한국 학생들의 영어 학습을 돕는 노동에 종사하는 것이다. 이 사람이 선생님이라고 불리지는 않을 것이다. 잉키 작동법 교육을 받은 오퍼레이터인 이 사람은 오직 로봇과 결합해서만 선생님의 역할을 수행할 자격을 부여받는다. 이 필리핀 여성의 몸은 잉키의 펭귄 모양 몸으로, 그의 얼굴은 한국인이 통상적으로 상상하는 '원어민'인 백인의 얼굴로 치환되어 교실 속 학생들에게 제시된다.

왜 필리핀인가? 많은 한국 학생들이 미국, 캐나다, 호주 대신 필리핀으로 어학연수나 조기유학을 떠나는 것과 같은 이유다. 필리핀의 콜센터 노동자는 백인 여성 영어 강사보다 훨씬 저렴한 비용으로 고용할 수 있다. 이 필리핀 여성이 직접 한국에 와서 원어민 강사로 활동하지 않고, 필리핀에 머물면서 콜센터 방식으로 로봇을 원격조종하는 광경은 백인 아닌 사람이 한국에서 영어 원어민 강사 자리를 얻기가 쉽지 않은 현실과 겹쳐 자못 상징적이다. 영어가 유창한 필리핀인을 대하는 한국 사회의 애매한 태도가 로봇과 통신 기술을 활용한 영어 교육 시스템 속에 슬쩍 비친다. 우리는 원어민에게 영어를 배우고 싶어하는데, 필리핀 사람보다는 백인에게 배우는 것을 선호하고, 그것이 여의치 않을 때는 필리핀 사람이 교실 밖에서 원격으로 백인 여성 선생님의 마스크를 쓰고 그 역할을 하면 된다고 기대하는 것이다. 상징적인 차원에서 볼 때 잉키가 돌아다니는 교실은 한국 사회의 축소판이다.**

* 필리핀의 이주노동 문제를 연구해온 애나 게바라 미국 일리노이 주립대학(시카고) 교수는 이 사실에 주목하여 잉키에 대한 사회학적·인류학적 분석을 내놓았다. Anna Romina Guevarra, "Techno-Modelling Care: Racial Branding, Dis/embodied Labor, and 'Cybraceros' in South Korea," *Frontiers: A Journal of Women Studies* 36 (2015), pp. 139-159.

** 잉키는 2010년 무렵에 일부 학교에서 시범적으로 운용된 이후 더 많은 학교로 확대 보급되지는 않은 것으로 보인다. 대신 잉키를 기본 모델로 삼아 업그레이드 한 로봇이 '실벗'이라는 이름으로 노인 치매 예방 수업에 도입되기 시작했다.

로봇이 인간에게 영어를 가르칠 수 있는가? 이 질문은 "로봇은 어떤 인종과 성별을 가진 사람의 도움을 받아 어떤 사람들에게 영어를 가르치는 역할을 수행하게 되는가"로 바꾸어볼 수 있다. 로봇 잉키는 백인 영어 원어민 강사의 부재를 해결하기 위한 기술로 제시되지만, 잉키의 존재를 정당화하는 '백인 영어 강사의 부재'라는 문제 자체가 한국의 왜곡된 영어 교육 현실을 반영한다. 잉키라는 로봇이 혼자서 영어를 가르치고 영어 교사 문제를 해결해주는 것은 아니다. 잉키는 필리핀의 콜센터 여성 노동자와 원격으로 결합함으로써 원어민 영어 교습을 원하는 한국 학생들에게 기계의 모습을 한 영어 선생님으로 겨우 다가갈 수 있게 된다. 잉키에는 영어를 가르치러 한국에 들어온 원어민 강사와 원격화된 국제 노동에 종사하는 필리핀 여성의 존재가 함께 들어 있다.

인간을 돌보아라

〈할매네 로봇〉은 2015년 가을 tvN 채널에서 방영한 국내 최초 "하이테크 시골예능" 프로그램이었다. 여기에 등장한 세대의 로봇이 맡은 모험적 임무는 시골 할머니, 할아버지들의

'로봇 손주'가 되어 그들의 외로움을 달래주는 것이었다. 〈할매네 로봇〉은 6회 방송을 끝으로 막을 내렸고, 그래서 아는 사람은 많지 않다. 하지만 〈할매네 로봇〉은 성공 여부와 관계없이 매우 흥미로운 질문을 던진 프로그램이었다. 노인들의 옆자리에 로봇을 가져다 놓고 친구나 가족의 역할을 주문했을 때 과연 어떤 일이 벌어지는지에 대한 일종의 공개 실험이었다고 볼 수 있다. 로봇들은 과연 할머니, 할아버지의 마음을 얻었을까?

〈할매네 로봇〉 프로그램의 기본 전제는 한마디로 농촌에 젊은 사람이 없다는 것이다. 로봇은 이 부재의 문제를 드러내고 해결하려는 과정에서 등장한다. 프로그램의 첫 회는 이런 자막으로 시작한다. "젊은이들이 떠나버린 한적한 농촌…… 그곳엔 어르신들만 남았습니다…… 정신없이 살아온 지난 세월, 남은 것은 적적한 외로움뿐…… 할머니의 외로움을 조금이나마 달래드릴 수 있다면…… 할머니의 농사일을 누군가 대신할 수 있다면……이분들을 위해 우리가 해드릴 수 있는 건 없는 걸까요?" 젊은이들이 농촌으로 돌아오게 만드는 것이 가장 명쾌한 해결책일 것이다. 하지만 이는 불가능하다. 제작진은 "젊은이들이 시골에 살긴 힘든 현실"이라는 진단을 내린다. 그렇다면 대안은 젊은이 대신 로봇을 시골로 보내는 것이다. 로봇은 노인들을 위한 일꾼, 자식, 손주 역할을 맡는다.

실험실을 벗어나 시골로 간 로봇들은 그야말로 좌충우돌 모험을 계속한다. 논밭에서 일을 돕는 것도, 접시를 닦는 것도, 재롱을 부리는 것도, 심지어는 동네 길을 걷는 것도 로봇에게는 모두 난해한 도전이다. 제작진은 시종일관 이 로봇들의 모험적인 시도를 응원한다. 할머니네 일을 돕고 할머니를 즐겁게 해드리려는 로봇이 서툴게, 아슬아슬하게, 위태롭게 움직이고 넘어지고 실수하는 모습을 명랑한 톤으로 보여준다. "실험실을 벗어나 세상에 첫발을 내딛어 비록 걸음은 느려도 열심히 걷는" 로봇은 아무리 작은 성취에도 큰 칭찬과 격려를 받는다. "로봇에게는 한 발자국, 인류에게는 거대한 도약"이라고 여겨지기 때문이다. 찾아오는 사람이 별로 없는 시골 마을에 연예인, 로봇 엔지니어, 촬영 스태프를 이끌고 나타난 것만으로도 로봇은 간단치 않은 일을 해낸 셈이다.

현재 로봇 기술의 한계는 프로그램 제작진과 시청자 모두가 잘 알고 있다. 로봇은 아직 실험실 바깥 세상에서 일을 할 만한 기계적인 역량을 갖추지 못했고, 사람과 친구가 되는 능력은 더욱 갈 길이 멀다. 생전 처음 로봇을 본 할머니들도 이를 정확하게 알고 있다. "로봇이 뭘 해주겠어. 지가 일을 도와주나? 맨날 자빠지는데…….” 로봇 일꾼에 대한 한 할머니의 냉정한 평가다. 로봇의 사회성에 대한 통찰은 더 날카롭다. 할머니는 로봇을 들고 찾아온 연예인 장동민이 식사는 혼자 하시느냐고 묻자 이렇게 답한다. “혼자 먹지 그럼 로봇하고 먹어?” 로봇이 어떤 뛰어난 기능으로 할머니와 교감하고 친해지려 해도 밥을 같이 먹을 수는 없는 일이다. 누가 보기에도 로봇의 시골 생활은 그저 귀엽고 기특한 실험으로 끝날 수밖에 없다.

로봇이 정말 노인을 돕고 시골 생활의 외로움을 달래주었는지는 중요한 문제가 아니다. 이 프로그램에 등장하는 로봇이 한 역할은 시골 마을을 헤집고 다니며 좌충우돌하는 과정에서 이 마을과 그 주민들이 처한 현실, 어쩌면 모든 농촌 마을과 모든 노인들이 견디고 있는 현실을 드러내 보여준 것이다. 로봇이 들어가서 메꾸려고 시도하는 빈자리들을 보면서 우리는 왜 여기에 이렇게 사람이 없는지 한 번 더 생각하게 된다. 또 기능 좋은 로봇으로도 다 채워지지 않는 공백을 보면서 사람의 역할에 대해서도 더 고민하게 된다. 로봇이 불필요하다는 것이 아니라, 로봇이 인간을 돕고 돌보는 일을 하려면 오히려 사람의 도움이 절실히 필요하다는 것이다. 〈할매네 로봇〉에서 로봇과 할매 사이에 조금이라도 관계가 형성됐다면, 거기에 가장 큰 기여를 한 것은 넉살 좋은 장동민의 캐릭터였다. 로봇에 관심을 가질 이유가 전혀 없는 할머니가 로봇에게 조금씩 자리를 내어준 것은 장동민과 얘기를 나누고 밥을 같이 먹으면서였다. 철없는 손자 역할을 하는 장동민이 할머니에게 로봇이라는 볼거리, 얘깃거리를 들고 와서 즐겁게 놀아드리는 구도가 되었다. 장동민은 그저 친근한 손자 역할을 연기했을 뿐이라고 할 수도 있다. 그러나 로봇 혼자서는 불가능했고 장동민 혼자서는 어색했을 할머니와의 관계 형성이 로봇과 장동민의 협력으로 조금이나마 가능해진 것은 사실이다.

로봇이 인간을 돌볼 수 있는가? 이 질문은 "로봇은 어떤 사람의 도움을 받고 어떻게 협력해야 비로소 돌봄이 필요한 다른 사람들에게 도움이 되는 일을 할 수 있는가"로 바꾸어 볼 수 있다. 〈할매네 로봇〉은 시골 마을에 젊은 사람들이 살지 않고 찾아오지 않는 문제를 해결하기 위한 기술로 제시되지만, 로봇의 효과는 로봇 자체에 있었다기보다는 로봇과 함께 그 마을을 찾아간 사람들 덕분에 생겨났다. 당연하게도, 로봇 혼자서 할머니의 외로움을 달래드릴 수는 없는 일이다. 로봇은 연예인과 협력하고, 촬영장 뒤편에서 일하는 스태프와 엔지니어의 지원을 받음으로써 비로소 할머니 옆에 조그만 자리라도 얻을 수 있었다.

인간을 구하라

로봇은 위험에 처한 인간을 구하는 역할까지 맡을 수 있을 것인가? 한국에서 재난 대응 로봇의 가능성이 크게 알려진 것은 2015년 6월 미국에서 열린 다르파 로보틱스 챌린지에서 카이스트의 로봇 휴보가 우승했을 때다. 사람의 형태를 닮은 로봇이 직접 차를 몰아 재난 현장으로 들어가고, 문을 열고, 잔해를 헤치고, 계단을 오르는 등의 임무를 매끄럽게 수행하는 영상을 보면서 많은 사람들이 언젠가 인간이 감당하지 못할 재난이 발생하면 로봇이 인간 대신 위험을 무릅쓰면서 생명을 구하고 사태를 수습해주리라는 기대를 품을 수 있었다. 그 이후 재난 대응과 수색 구조는 로봇이 앞으로 꼭 해주기를 바라고 또 할 수 있을 것이라고 믿는 일의 목록에서 윗자리를 차지하게 되었다. "왜 로봇을 연구하고 개발해야 하는가"라는 물음에 대해 "재난 상황에서 국민의 생명과 안전을 지키기 위해"라고 대답하는 것이 어색하지 않게 되었다. 이런 분위기 속에서 2015년 9월에는 '국민안전로봇

프로젝트'가 예비타당성 조사를 통과했다. "인간이 직접 투입되기 어려운 상황이거나 구조적으로 물리적 지원이 필요한 재난 환경에서 선 투입이 가능한 신속 대응으로서의 로봇 개발의 필요성"이 있다는 것이다. 약 700억 원의 예산으로 2016년부터 포항에 안전로봇 실증시험단지를 짓는 등 연구개발과 건설 사업이 시작되고 있다. 교육 로봇이나 돌봄 로봇이 국내외에서 개발, 시판 단계에까지 이른 것에 비해 재난 대응 로봇이나 수색 구조 로봇은 아직 계획과 약속의 단계에 불과하다.*

왜 로봇인가? 로봇이 사람의 생명과 안전을 지켜주리라는 기대의 이면에서 우리는 수많은 생명을 구하는 일에 실패하는 것을 목격한 사람들의 절망을 읽을 수 있다. 세월호가 침몰한 직후부터 많은 이들이 과연 로봇을 투입해서 바닷속을, 배 속을 수색할 수는 없는지 궁금해했다. 느리고 위험할 수밖에 없는 인간의 수색 작업을 로봇이 대신해줄 수는 없을지, 바닷속의 극한 상황을 로봇이라면 쉽게 극복할 수 있는

* 한국과학기술기획평가원, 『국민 안전 로봇프로젝트 2014년도 예비타당성 조사 보고서』(2015년 9월), 191쪽; 신희선, 전치형, 「로봇이 우리를 구원해줄까? 재난 로봇의 기원, 현황, 쟁점」, 제11회 한국로봇종합학술대회 포스터 발표(2016년 1월).

것이 아닌지 물었다. 또 사고 발생 초기에 재빠르게 무인항공기를 띄워서 현장을 파악하고 수색과 구조 작업을 개시할 수는 없을지 궁리하기도 했다. 비극을 목격하면서도 아무 일도 할 수 없었다는 자괴감에서 비롯된 기술적 상상이었던 셈이다. 하지만 로봇은 결국 우리의 시선을 사람의 자리로 이끈다. 로봇으로 채우려는 그 빈자리를 보면서 우리는 왜 그때 거기에 사람을 구하는 사람들이 없었는가를 묻게 되는 것이다. 사람을 구하는 일, 사람의 안전을 확보하는 일을 할 사람들을 조직하고, 거기에 예산을 배정하고, 그들이 사명감을 가지고 일하도록 만드는 일이 그렇게 어려운지를 따지게 되는 것이다. 쉽게 답변이 나오지 않을 이 논란의 한편에서 로봇이 하나의 솔루션으로 제시되고 있다.

로봇을 사용함으로써 앞으로 비슷한 위기 상황에 더 잘 대처할 수 있으리라는 기대는 이미 그 자리에 들어갈 준비와 각오가 되어 있는 사람들이 경험하고 있는 사회적 인식이나 처우와 대비된다. 수중 탐색을 위한 로봇을 개발하는 일로 향하는 관심과 지원은 세월호 실종자 수색 작업에 뛰어들었던 민간 잠수사들이 어떤 관심과 지원을 받았는지를 되돌아보게 한다. 20억 원을 들여 개발한 소방용 정찰 로봇이 실제 화재 현장에 한 번도 투입되지 못한 채 방치되고 있다는 뉴스는 소방관들이 필요한 장비를 지급받지 못해서 자기 돈으로 장갑을 구매하고 부상 치료도 자비로 하고 있는 현실과 겹칠 수밖에 없다.* 우리가 위험 속에 쓰러져 있을 때 두려움을 모르는 강력하고 똑똑한 로봇이 수색과 구조 활동을 해주리라고 생각하면서, 정작 옆에 있는 강인하고 경험 많고 용감한 인간 구조자들에게는 적절한 지원과 보상을 하지 못하고 있다. 로봇을 개발하는 문제보다 현장으로 로봇을 데리고 들어갈 사람들의 문제가 더 심각하다.

로봇이 인간을 구할 수 있을까? 이 질문은 "로봇은 인간이 인간을 구하는 일에 어떤 도움을 주도록 설계되어야 하는가"로 바꾸어볼 수 있다. 인간을 가르치는 일, 인간을 돌보는 일과 마찬가지로 로봇 혼자서 인간을 구할 수는 없다. '구하다'라는 동사, 혹은 '구하라'라는 명령어는 2014년 이후 한

* 「수십억 예산 날렸는데, 부실 소방 로봇 또 구입」, MBC 〈뉴스데스크〉, 2016년 3월 29일.(http://imnews.imbc.com/replay/2016/nwdesk/article/3927553_19842.html); 김미향, 「16년 된 소방차 덜컹덜컹 타고 현장에…… 위험한 119, 고마워요 소방관!」, 『한겨레』, 2014년 8월 11일.(http://www.hani.co.kr/arti/society/society_general/650654.html); 김기중, 정민승, 「119의 이유있는 울분…… 소방관 10명 중 8명 '자비로 부상 치료'」, 『한국일보』, 2015년 9월 22일. (https://www.hankookilbo.com/News/Read/201509220422060670)

국 사회에서 특별한 의미를 지니게 되었다. 누가 구해야 하는가? 구할 수 있는 자는 누구인가? '국가'와 국가의 지원을 받는 조직이 사람을 구하는 행위의 적절한 주체가 되지 못했다는 사실이 많은 국민을 충격에 빠뜨렸다. 우리의 안전이 총체적 위기에 처했다고 느끼는 시대에 등장한 '국민안전로봇'이라는 개념은 인간이 인간을 구하는 데 실패한, 또는 국가가 국민을 구하는 데 실패한 충격의 산물처럼 보인다. 누구도 '구하다'라는 동사의 책임을 질 주어 자리를 맡으려고 하지 않을 때, 로봇이 그 역할을 맡아줄 것인가? 인간의 실패를 로봇이 만회해줄 것인가? 우리가 해야 할 일은 인간이 실패한 곳에 로봇을 들여보내는 것이 아니라, 실패를 무릅쓰고 들어가는 인간에게 로봇을 딸려 보내는 것이다. 인간이 실패하면 로봇도 실패한다.

로봇의 자리, 인간의 자리

알파고의 모험에 대한 우리의 반응과 선생님 로봇, 돌봄 로봇, 재난 로봇의 모험에 대한 우리의 반응은 어떻게 다른가? 놀라운 계산력으로 바둑을 두는 알파고의 출현에 많은 이들이 충격을 받고 위협을 느꼈다. 바둑은 인간의 지적 능력을 상징하는 게임으로 여겨졌고, 알파고는 인간의 지능, 심지어 인간성 자체에 대한 심각한 도전으로 보였다. 우리는 이세돌이 알파고에 정면으로 맞서 승리함으로써 인간의 영토를 수호하고 인간성의 건재를 선언해주기를 바랐다. 반면 선생님 로봇, 돌봄 로봇, 재난 로봇의 모험은 우리를 충격에 빠뜨리지도, 위협하지도 않는다. 사람을 가르치고 돌보고 구하는 일은 인간이 해야 할 일, 인간을 인간이게 만드는 일, 인간됨을 상징하는 일로 여겨지지 않는다. 이런 일을 할 사람은 항상 부족하고, 그 사실이 당연한 것처럼 보인다. 사람을 가르치고 돌보고 구하는 현장이 꼭 사람의 자리일 필요는 없다고 생각한다. 가능하다면 값싼 로봇이 들어와서 인간의 빈자리를 메꿔주기를 기대한다. 로봇에게 모험을 시키면서, 위험을 무릅쓰게 하면서, 인간은 조금씩 뒤로 물러난다.

로봇은 여러 가지 모습으로 인간에게 다가오고, 인간은 로봇과 서로 밀고 당기면서 제자리를 찾느라 방황한다. 알파고가 점령군, 침략자의 이미지를 가졌다면, 선생님 로봇, 돌봄 로봇, 재난 로봇은 이민자, 이주노동자다. 알파고가 SF 영화의 캐릭터라면, 이 세 가지 로봇들은 다큐멘터리에 나올 법한 인물들이다. 알파고가 우리에게 저항할지 포기할지를 묻는다면, 이 세 로봇들은 우리에게 대화하고, 협력하고, 조정할 것을 요청한다. 알파고가 인간의 자리를 빼앗는 것처럼 보인다면, 세 가지 로봇들은 인간의 옆에 새로운 자리를 만들려는 것으로 여겨진다. 현재 우리의 관심은 전자에 집중되어 있다. 하지만 지금의 충격과 흥분이 가라앉고 나면 알파고 또한 다큐멘터리에 등장하는 이민자, 이주노동자로 다루어야 할 것이다.* 어떤 일을 맡기고, 어떻게 도와주고, 어떻게 함께 살지 궁리해야 할 것이다. 로봇을 미래에 다가올 파괴적 기술이 아니라 현재에 조금씩 자리를 잡아가는 기술로 인식할 때, 비로소 우리가 로봇과 맺을 관계를 구체적으로 설계할 수 있게 된다. 서로 자리를 찾아주고 지켜주고 내어주는 관계를 상상할 수 있게 된다.**

* Chihyung Jeon, "A Good Life in Asia with Robots?", *The Good Life in Asia's Digital 21st Century* (Hong Kong: Digital Asia Hub, 2016), pp. 165-169.

** 김현경, 『사람, 장소, 환대』, 문학과지성사, 2015

2장

인공지능의 배신

자율 없는 사회의 자율기술

"소설 쓰는 알파고는 없었다." 2016년 6월 27일 자 『한겨레』 1면에 실린 기사 제목이다. 3월 말 일본에서 인공지능이 쓴 소설이 문학상 예심을 통과했다고 해서 화제가 된 일이 있었는데 알고 보니 스스로 소설을 써낸 것은 아니었고, 인간이 짜놓은 틀 안에서 말이 되는 문장을 만들어낸 정도라는 얘기였다. 7월 2일 자 『한겨레』 1면에는 「자율주행차 첫 사망사고」라는 제목의 짧은 기사가 실렸다. 미국 전기차 회사 테슬라의 모델S를 타고 '자율주행모드'(오토파일럿)로 고속도로를 달리던 운전자가 앞에서 방향을 튼 화물차에 충돌하여 사망했다는 소식이었다.

며칠 사이에 우리는 컴퓨터가 혼자서 글을 쓰는 것인가 했더니 결국 인간의 도움이 있었다는 사실과, 자동차가 스스로 운전하는 줄 알았더니 여전히 인간이 지켜보고 개입해야 한다는 사실을 알게 되었다. 알아서 잘한다고 환호했던 기술이 알고 보니 그다지 자율적이지 않더라는 것이다. 이때 우리는 기술 발전이 더뎌서 실망하거나, 인간이 할 일이 남아 있어서 안도하거나, 기술을 어디까지 믿어야 할지 몰라서 걱정한다.

환호, 실망, 안도, 걱정 등 새로운 기술에 대한 태도는 저마다 달라도, 많은 사람들이 기술의 완전한 자율성이 우리가 궁극적으로 도달하게 될 단계라는 생각을 공유하고 있다. 미래에는 고도로 발달된 자율적 기계들이 사회의 각종 시스템을 사람의 개입 없이 운영하게 되리라는 것이다. 기술의 자율성은 빠르고, 편하고, 필연적인 것으로 인식된다. 우리는 그에 대해 협상하거나 논쟁하지 못하고 오직 적응할 수 있을 뿐이다. 역사학자이자 엔지니어인 데이비드 민델은 이를 "유토피아적 자율성"이라고 비판했다. 테슬라의 창업자 일론 머스크가 자율주행차가 더 안전해지면 언젠가 인간의 운전이 금지될 수도 있다고 한 말은 자율적 기술의 유토피아에서 인간의 자율성이 부여받을 하찮은 지위를 암시한다.

인공지능의 기능적이고 계산적인 자율성은 각광받는 반면, 인간의 사회적이고 비판적인 자율성은 껄끄러운 주제로 남는다. 전자가 빠른 연산능력으로 주어진 일을 매끄럽게 수행하는 자율이라면, 후자는 사회적 관계 속에서 생겨나고 시키는 대로 하지 않을 수 있는 자율이다. 2016년 6월 29일에 이재정 경기도 교육감이 고등학교 야간 자율 학습 폐지 방침을 발표하면서 "알파고 시대에 학생들을 하루 종일 교실에 가둬놓고 어떤 교육이 되겠어요"라고 말했을 때 이 두 가지 자율이 선명하게 대비되었다. 자율적 기술의 대명사가 된 알파고가 '강제 자율 학습'이라는 모순적 언어와 현실을 부각시킨 것이다. '자율 학습'은 표준국어대사전의 '자율' 항목에 첫 번째 예시로 들어가 있을 만큼 한국에서 통용되는 자율 개념의 대표적 사례다. 같은 사전에 등장하는 "전교생을 대상으로 자율 학습을 실시하였다"라는 예문은 한국식 자율의 의미를 드러내준다. 전교생이 다 참여하도록 지침을 내리는 것을 어떻게 자율 학습이라고 부를 수 있는가.

이른바 알파고 시대에도 사회적이고 비판적인 자율성에 대한 공격은 계속된다. 청와대 홍보수석이 KBS 보도국장에게 전화를 걸어 세월호 보도 방향을 수정하라고 압력을 넣은 일이 최근에 알려졌다. 아직도 전화 한 통으로 언론사와 기자들을 통제하려 한다는 얘기다. 알파고가 등장한 이후 과연 인공지능이 기자를 대체할 수 있을지 묻는 사람들이 많았다. 기자가 스스로 취재하고, 판단하고, 보도할 자율성을 무시하는 시스템에서는 그럴 가능성이 높아진다. 위에서 시키는 대로 써야 하는 환경에서 기자가 하는 일은 인공지능도 잘할 수 있을 것이다. 사회적이고 비판적인 자율성이 위협받는 곳에서 기능적이고 계산적인 자율성은 더 그럴듯하고 강해 보인다. 그러나 기자의 적은 인공지능이 아니라 전화기 너머의 목소리다.

소설 쓰는 프로그램 개발에 참여한 사토 사토시 교수는 "컴퓨터가 일한 부분이 10~20퍼센트 정도라고 말할 수도 있고, 100퍼센트 컴퓨터가 썼다고 말해도 상관은 없다. 또 그 프로그램은 전부 인간이 만든 것이니 컴퓨터가 아니라 전부 인간이 쓴 소설이라고 해도 맞는 표현이라 생각한다"라고 했다. 인공지능 시대에 인간과 기술이 맺을 관계에 대한 탁월한 통찰이다. 완벽하게 자율적인 인공지능이 인간을 대체하는 것이 아니라, 양쪽이 서로의 불완전한 자율성을 보완해주며 협력하게 될 터다. 문제는 인간과 인공지능이 같이 일하고 있을 때 위에서 걸려오는 전화를 어떻게 막아내느냐 하는 것이다.

⁂

2018년 8월 카이스트에서는 세계 최초로 AI 월드컵 국제대회가 열렸다. 각 출전 팀이 개발한 축구하는 인공지능이 인간이 실시간으로 개입하지 않는 상태에서 서로 실력을 겨루는 대회였다. 학습을 통해 규칙과 전략을 익힌 알고리즘이 '자율적으로' 공을 차고 골을 넣었다. 대회 종목에는 AI 축구만이 아니라 AI 해설과 AI 리포터도 있었다. 화면에서 펼쳐지는 AI 축구 경기의 상황을 자동으로 설명하고 그 결과를 자동으로 기사로 작성해서 내보내는 실력을 겨루는 것이었다. 대회를 관람하러 온 사람들은 AI 축구선수, 해설자, 기자가 훌륭한 성능을 보일 때마다 기특해하면서 환호를 보냈고, 어처구니없는 실수를 할 때는 재미 있어 하면서 격려를 보냈다.

2016년 '알파고 충격' 이후 2년 이상 시간이 지나서인지 인공지능이 축구도 하고, 해설도 하고, 보도까지 다 하려는 것에 대해 두려워하는 분위기는 느껴지지 않았다. 인공지능이 혼자 다 자율적으로 하는 줄 알았더니 사실은 시합 직전까지 사람이 열심히 일을 해서 판을 깔아놓은 것이라고 평가절하 하는 일도 없었다. 사토 사토시 교수가 소설 쓰는 인공지능에 대해 말한 것처럼, 축구와 해설과 보도도 인공지능이 20퍼센트만큼 했다고 할 수도 있고 100퍼센트 다 했다고 할 수도 있으며, 또 결국은 사람이 다 한 것이라고 해도 틀린 말이 아닐 것이다. 인공지능의 자율성은 대회의 목적과 성격에 맞추어 적절하게 조정되고 구현되었다고 할 수 있다.

지난 몇년간 인공지능의 기능적·계산적 자율성에 주목할 만한 진전이 있었던 것에 비해, 한국 사회의 비판적 자율성은 얼마나 증진되었을까. 기자들은 위에서 걸려오는 전화를 걱정하지 않고 자율적으로 취재하고 기사를 쓰고 있을까. 2018년 12월 14일, 한국방송 보도국장에게 세월호 보도 관련 압력을 넣었던 이정현 의원(전 청와대 홍보수석)이 방송법 위반 혐의로 1심에서 징역 1년, 집행유예 2년을 선고받았다.

이 칼럼이 나온 이후 '한국식 자율'의 모순을 지적한 사람들이 많았던 것일까. 정확히 언제였는지 알 수 없지만 표준국어대사전 '자율' 항목의 예문은 "아침 자습을 학생들의 자율에 맡겼다"라고 수정되었다.

회장님의 자율주행차

어느 제약회사 회장님이 운전기사에게 던지는 욕설과 폭언을 녹음한 파일을 들었다. 14분 가까이 이어지는 험한 말을 듣고 있기가 괴로웠던 나는 문득 인공지능과 자율주행차의 앞날에 대해 생각하기 시작했다. 회장님은 사람과 대화하는 인공지능이나 인공지능을 이용해 스스로 운전하는 자동차를 개발하는 이들이 맞닥뜨릴 난제를 미리 보여주었다. 인공지능은 운전기사의 자리로 투입되어 여러 회장님을 상대해야 할 것이기 때문이다.

"야 인마."

"욕하지 마십시오."

"죄송합니다. 죄송합니다. 인마는 욕이 아니오."

회장님의 욕설을 정중히 막아보려는 운전기사의 시도는 무시당했다. 많은 인공지능 연구자들은 사람과 인공지능 사이에 윤리적 대화가 오가도록 하고 싶어한다. 사람이 건네는 말의 윤리성을 판단해서 이에 적절히 대응하고, 사람에게 비윤리적인 말을 건네지 않도록 스스로 조절하는 인공지능을 만들려는 것이다. 하지만 회장님의 비꼬는 말투 앞에서 윤리적 관계에 대한 인공지능의 요청은 무력할 뿐이다.

"그럼 인격적으로 대해주십시오."

"그래 됐어. 미안합니다. 죄송해요. 죄송합니다.
내가 너를 업무 기사로 그냥 놔둘 거를 오게 해서
죄송합니다."

운전기사의 요청에 회장님은 다시 한번 공손해서 무서운 말로 응답했다. 인공지능은 이 사과의 잔인함을 알아챌 수 있을까. 이 짧은 대화의 비윤리성은 양측이 사용한 어휘가 저급하다거나 그 내용이 모질어서 생겨난 것이 아니다. 극도로 일방적인 고용관계, 권력관계에 있는 두 사람이 외부와 차단된 차 안에 같이 앉아 있는 상황이 일견 부드러워 보이는 이 대화를 섬뜩하게 만든다. 이 관계를 모르는 인공지능이 윤리적인 판단을 내릴 것을 기대하기는 어렵다.

> "아, 힘들어서 정말 못 해먹겠네. 됐어, 됐어.
> 미안합니다. 댁한테 죄송하게. 아휴 택시 타고
> 다니는 게 낫지. 무서워서 어떻게 타고 다니냐."

한 말씀 드리고 싶다는 운전기사의 요청에 회장님은 이렇게 응대했다. 하지만 회장님이 굳이 낯선 기사가 모는 택시를 잡아탈 리가 없다. 회장님은 백만 킬로미터 무사고인 베테랑 기사도 단번에 자르고 새 기사를 구할 수 있기 때문이다.

운전기사를 고용하는 대신 혼자 자율주행차를 타고 다닐 이유도 없어 보인다. 아무리 기술이 발달해도 자율주행차 채택을 거부할 사람들은 운전 실력을 뽐내고 싶은 젊은이가 아니라 운전기사와 비서를 대동하고 다니는 회장님일 것이다. 안타깝게도 운전기사는 단지 차를 모는 사람이 아니라 회장님의 위신을 세워주는 역할, 또는 회장님 화풀이 상대라는 역할도 맡고 있기 때문이다(물론 신뢰하는 말벗이 되는 때도 있겠다).

> "술에 취해서 차에 타면, 파란불에 보행자가 지나고 있는데도 횡단보도를 지나가라고 했다."
> "회장은 항상 '벌금을 내면 되지 않느냐. 내가 늦지 않는 게 중요하다'는 태도였다."

회장님 녹음 파일을 보도한 『한겨레』 기사에 나오는 운전기사의 증언이다. 인간 운전기사는 자율주행차보다 규칙을 어기라는 명령을 더 잘 따른다. 잘 따를 수밖에 없다. 만에 하나 완전 자율주행 시스템이 성공해서 교통법규를 잘 지키고 윤리적으로 움직이는 차만 타야 한다면, 회장님은 불편하고 곤혹스러울 것이다. 자율이란 부당한 지시를 듣지 않는 것, 상호 존중을 요구하는 것이기 때문이다. 완전 자율주행 시스템을 탐탁하게 여기지 않는 사람이 제법 있다 해도 놀라운 일이 아니다.

대화하는 인공지능이든 자율주행하는 자동차든, 사람에게 가까이 붙어서 작동하는 똑똑한 기계는 우리가 알고 있고 겪고 있는 사회적 관계의 틀에서 벗어날 수 없다. 인공지능을 비서로 여기고 자율주행차를 운전기사로 여길 때, 우리는 이미 거기에 사회적 성격을 부여하는 것이다. 사람들이 맺고 있는 관계의 불공정, 불평등, 비윤리는 인공지능과 자율주행차가 등장해도 사라지지 않는다. 이러한 사회적 성격은 우리가 이 똑똑한 기계들을 사용하는 방식에 깊이 스며들거나, 그것을 전면적으로 도입하는 데에 예상치 못한 걸림돌이 될 것이다.

"겁나서 니 차 못 타겠다, 야. 내리자, 내려."

호통치는 회장님에게 베테랑 운전기사는 직업윤리의 좋은 사례가 될 만한 대답을 했다.

"댁까진 제가 모셔다드리겠습니다."

자율주행차가 쉽게 도달하지 못할 높은 자율의 경지였다.

⁂

자율주행차에 대해 글을 쓰기가 어려운 이유 중 하나는 현재의 자동차 운전 시스템과 결정적으로 달라진다는 완전 자율주행 단계에 아직 도달하지 못했기 때문이다. 인간 운전자가 전혀 개입하지 않고, 옆에서 지켜보고 있을 필요도 없는 수준의 자율주행 기술은 아직 세상에 들어올 만큼 충분히 검증되지 못했다. 그러므로 어떻게든 현재 상황에서 자율주행차와 인간의 관계를 가늠해볼 수 있는 사례를 찾아서 이런저런 추정을 해보게 된다. 회장님이 비서나 운전기사 없이 자율주행차를 탄다는 설정은 그런 의미에서 흥미로운 것이었다. 무엇이든 말하는 대로 해주는 비서와 운전기사에 익숙한 사람은 자율적으로 길을 찾아가고 교통법규도 반드시 지키는 자동차와 어떤 관계를 맺게 될 것인가? 회장님은 자율주행차의 자율성을 견딜 수 있을 것인가? 또 우리 안에 숨어 있던 '회장님 기질'이 잠시 발현될 때 우리는 자율주행차에게 어떤 일을 시키게 될 것인가?

여자 대 자율주행차

"자동차계의 알파고 대결이 온다!" 2017년 11월, 경기도 판교에서 '세계 최초'로 열린 '자율주행 모터쇼'의 하이라이트는 '자율주행 자동차 대 인간 미션 대결'이었다. 인간이 모는 차와 자율주행차가 장애물을 피하고 구불구불한 경로를 통과하는 임무를 수행하고 결과를 비교한다는 설정이었다. 출발선에는 대결을 벌일 양편의 자리를 표시하는 플래카드 두 개가 걸렸다. 한쪽은 '인간Human', 다른 쪽은 '자율Autonomous'이었다. 운전하는 컴퓨터는 자율적인 존재고 운전하는 인간은 비자율적인 존재라는 의미인가? 참가자의 특성을 규정하는 데에 문제가 있는 것 같았지만 일단 흥미롭게 지켜보기로 했다.

이 운전 대결은 2016년 3월의 이세돌-알파고 대국처럼 긴장과 환호가 교차하는 역사적 현장이 되지는 못했다. 주최 측은 운전 경력에 따라 나눈 운전자 그룹마다 남성과 여성을 한 명씩 배정했다. 하지만 배터리 문제 등으로 자율주행차의 상태가 온전하지 못한 탓에 처음 계획과 달리 자율주행차와 대결하는 기회는 여성 참가자에게만 주어졌다. 공을 들여 개발한 자율주행 기술을 탑재한 자동차는 안타깝게도 장애물에 부딪혀 멈춰 서곤 했다. 각 대결은 여성 운전자들의 '승리'로 싱겁게 끝났다. 자율주행차는 아직 갈 길이 멀다거나, 앞으로 발전할 가능성을 보았다는 식의 반응이 나왔다.

언론은 이 승리를 '인간'의 승리로 확대 해석했다. "자율주행차량 대결서 인간 완승"이나 "자율주행차, 인간과 운전 대결 전패" 같은 제목이 등장했다. 그러나 '인간과 자율주행차의 대결'이라는 익숙한 프레임은 자율주행차와 대결을 벌인 인간이 공교롭게도 모두 여성이었다는 사실을 가려버렸다. 이 우연 아닌 우연에 주목해야 하는 것은 이날 여성 운전자들이 '인간'이 아니라 '여성'을 대표해서 운전했기 때문이다.

이 행사는 단지 '인간' 대 '자율'의 대결이 아니라, '남자'와 '여자'와 '자율'의 삼자 대결인 것처럼 보였다. 여성의 운전 능력을 시험한 것은 자율주행차만이 아니었다. 여성 운전자는 계속해서 남성 운전자를 기준 삼아 비교당했다. 운전자로서 일반적인 여자는 일반적인 남자와 다르다는 생각, 대개는 여자가 남자보다 운전 능력이 떨어진다는 생각을 행사 곳곳에서 심심치 않게, 공개적으로, 들을 수 있었다.

자율주행차와 실력을 겨룬 여성들은 여성 운전자에 대한 통념으로 포장된 길을 달렸다. 남자 참가자들 못지않게 '어머니'도 잘하실 수 있을 거라는 격려, '어머니'를 위해 더 자세하게 설명해 드리겠다는 친절, 경기 코스가 여성 참가자 몸매처럼 '에스라인'이라는 비유, 차 안에 설치된 카메라로 보니 운전대를 잡은 손의 피부가 정말 곱다는 칭찬까지, 운전대를 잡는 인간을 남자와 여자로 명확히 구분하려는 시도가 계속되었다. 여성 운전자를 방해하는 장애물은 코스 안과 밖에 모두 있었다.

궁금해하는 사람은 많지 않아 보였지만, 자율주행차를 이긴 여성 운전자 한 명은 인간과 기술의 상호작용을 연구하는 '사용자 인터페이스' 디자이너였다. 그는 자율주행차 개발의 현장을 목격하기 위해서 경기에 참가 신청을 했다. 안타깝게도 이 운전자는 자신의 전공을 살려 옆 차선에서 달리는 자율주행차를 찬찬히 관찰할 기회는 얻지 못했다. 이날

그가 맡은 역할은 서툴게 운전하는 젊은 여성일 뿐이었다.

자율주행차와 마지막 대결을 벌인 여성 운전자는 기자들과 인터뷰를 한 후 추위를 피해 부지런히 발걸음을 옮겼다. 앞서 '어머니'라고 불렸던 참가자였다. '어머니'의 운전 실력을 지레짐작하는 것이 불편하지 않았느냐며 내가 던진 유도성 질문에 그는 별일 아니라는 듯 덤덤한 반응을 보였다. 행사장 뒤편 주차장에는 택시 한 대가 서 있었다. 운전석에 오른 '어머니'는 택시를 몰아 유유히 행사장을 빠져나갔다. 그는 25년 경력의 택시운전사였다.

자동차와 운전이 기본적으로 남성의 영역이라는 통념은 과연 자율주행의 시대에도 유지될 수 있을까. 사람이 운전해야 하는 일이 점점 없어진다면, 즉 차를 타고 목적지로 가는 일에 아무런 노력과 기술도 필요하지 않게 된다면, 남자들은 여성에게 근거 없는 우월감을 느낄 소재를 하나 잃을지도 모른다. 거친 운전 솜씨를 가지고 남성성을 과시하는 일도 차차 사라질 수 있다. 물론 지금은 예상할 수 없는 새로운 방식으로 자동차와 운전이 다시 남자 또는 여자와 관계를 맺게 될 가능성도 있다.

자율주행처럼 혁신적인 기술은 일자리를 빼앗아갈 수도 있지만, 지금껏 당연하게 여기던 고정관념을 흔들어놓기도 한다. 자율적 기술은 인간 전체를 똑같이 위협하는 것이 아니라 서로 다른 자율의 역사와 경험을 가진 사람들에게 각각 다른 방식으로 다가온다. 우리는 인간의 일자리를 위협하는 자율적 기계와 여성의 자율을 불편해하는 사회적 통념 모두에 현명하게 대응해야 한다. '자율'은 '인간'의 대척점에 있는 것이 아니라 여자와 남자와 기계가 함께 모여 일하는 과정 속에서 새롭게 정의되고 공유되어야 할 가치이다.

⁂

'자율주행 모터쇼' 현장에서 가장 인상 깊었던 것은 판교에서 시범 주행을 할 목적으로 개발 중인 자율주행 셔틀버스를 전시해놓은 코너였다. 통상적인 모터쇼, 즉 비자율주행차 모터쇼에 등장할 법한 여성 모델들이 자율주행 셔틀버스 주위에 서서 (주로 남성인) 카메라를 든 관람객들을 위해 포즈를 취해주고 있었다. 자동차 젠더화의 역사는 아직 끝나지 않았다. 앞으로 운전자가 전혀 필요 없는 자율주행차가 나오면 자동차를 홍보하는 방식도 달라질까. 남성 구매자-탑승자와 여성 구매자-탑승자를 대상으로 하는 자율주행차 마케팅 전략은 과연 달라야 할까.

조마조마 자율주행

> "2030년에는 자기 집의 주차장에서 골목길을 거쳐서 일반도로로, 고속도로로, 목적지의 주차장까지 모든 지역에 대해서 완전 자율주행차 상용화가 가능하도록 발전시켜 나가겠습니다."

2018년 2월 2일 고속도로에서 자율주행차 시승 행사를 마친 문재인 대통령의 말에는 자신감이 넘쳤다.

『경향신문』 보도에 따르면, 문 대통령은 "세계 정상 가운데 고속도로에서 자율차를 탑승한 것은 제가 처음"이라며 자율주행차에 대한 깊은 관심을 나타냈다. 정부가 선정한 '4차 산업혁명' 선도사업인 자율주행차 발전을 위해 "국가가 모든 노력을 다해야겠다는 굳은 결심을 하게 됐다"고도 했다. 자율주행을 통해 '교통사고 제로시대'가 올 것이라는 대담한 전망도 내놓았다.

미국 애리조나주에서 2018년 3월 18일에 발생한 사고 소식은 자율주행차의 미래를 아직 낙관할 수 없게 만든다. 맑은 날 밤 10시쯤 시속 60킬로미터 정도로 달리던 우버의 자율주행 시험 차량이 자전거를 끌고 도로를 건너던 보행자를 '발견'하지 못하여 충돌하고 말았다. 이는 보행자가 자율주행차에 치여 사망한 첫 번째 사고로 기록되었다.

이 사고를 어떻게 해석하는지에 따라 자율주행차의 미래 혹은 미래의 교통체계에 대한 우리의 선택이 달라진다. 가장 직접적인 반응은 자율주행 '기술'이 아직 불완전하다는 지적이다. 전문가들은 자율주행차에 탑재된 라이다LIDAR 장치가 어두운 곳에서도 보행자를 쉽게 인식할 수 있는데도 이런 사고가 발생했다는 사실에 놀랐다. 사람처럼 지치거나 한눈팔지 않고, 항상 부지런하고 정확하게 전후좌우를 살핀다는 자율주행차의 센서에 대한 믿음이 흔들릴 수 있기 때문이다. 물론 사고 조사 결과를 기다려 구체적으로 어떤 문제가 있었는지 파악해야 할 사안이다.

두 번째 반응은 우버의 자율주행 시험 차량 운전석에 타고 있던 '안전 운전자'의 잘못을 따지는 것이다. 지역 경찰이 공개한 영상에 따르면 사고 당시 이 운전자는 전방을 주시하지 않았고 빠르게 운전대를 잡을 수 있도록 준비하지 않았다. 오작동이나 긴급 상황에 대비해야 하는 '안전 운전자'의 역할에 소홀했다는 것이다. 자율주행차 시험 운행을 담당하는 사람의 자격 요건이나 관리 문제가 제기될 수 있다. 자율주행 기술이 발달할수록 사람들이 알고리즘을 믿고 한눈을 파는 경향은 더 심해질 것이다.

그러나 이보다 더 중요한 문제는 이 사고가 왜 애리조나주에서 일어났느냐는 것이다. 『뉴욕타임즈』는 2015년 이후 애리조나 주정부가 규제 완화를 약속하며 자율주행차 기업들을 애리조나로 끌어들이기 위해 노력해왔다고 지적했다. 애리조나 주지사는 자율주행차에 대한 '규제 프리' 정책을 강하게 내세우며 기업을 찾아다녔다. 이런 노력에 힘입어 이번에 사고를 낸 우버만이 아니라 웨이모, 리프트, GM 등 자율주행 기술을 개발하고 있는 많은 기업이 애리조나에서 수백 대의 자율주행차량을 운행해왔다.

결국 실리콘밸리가 있는 캘리포니아주 대신에 애리조나주가 '자율주행차의 유토피아'로 떠올랐다. 애리조나에서 우버는 자율주행 시험 중 사람이 운전대를 넘겨받아야 했던 횟수 등을 당국에 보고할 의무가 없었다. 운전석에 사람이 앉지 않은 상태에서 하는 무인 자율주행 시험도 시작할 수 있었다. 애리조나주 전체가 우버를 위한 자유롭고 공개적인 테스트베드가 되었다.

애리조나주의 '비즈니스 프렌들리' 정책으로 생긴 '규제 진공' 상태에서 우버는 최대한 빨리 성과를 내려고 애를 썼다. 『뉴욕타임즈』에 따르면 자율주행 시험 거리를 빠르게 늘리고 상용화를 위한 발판을 만들려는 과정에서 우버는 2017년 말 자율주행 시험 차량의 탑승 인원을 두 명에서 한 명으로 줄였다. 한 명이 컴퓨터 시스템을 관찰하고 다른 한 명이 비상시 운전대를 잡도록 나누었던 역할을 한 명이 모두 맡게 된 것이다. 이럴 경우 혼자서 장시간 집중력을 유지하기 어려울 것이라는 당연한 우려가 회사 내부에서 있었다. 자율주행 시험 중 우버의 안전 운전자가 졸거나 딴짓을 하다가 걸리는 일도 있었다.

물론 애리조나주가 이번 사고를 일으켰다고 말할 수는 없다. 하지만 이번 사고가 자율주행차라는 '혁신'을 위해 안전 규제를 적극적으로 없애온 애리조나주에서 일어났다는 사실은 별로 놀랍지 않다. 자율주행차는 지금보다 더 안전해질 수 있겠지만, 그 과정에서 기업, 규제기관, 운전자, 보행자의 입장이 어떻게 조율되는지에 따라 자율주행 교통체계의 미래는 크게 달라질 것이다. 벌써부터 자율주행 혁신가들을 전적으로 칭송하고 지원하는 '기울어진 도로'에서는 보행자가 안심하고 길을 다닐 권리를 요구하기가 어려워질 수 있다. 보행자는 점점 자율주행차 상용화의 위험 요소이자 걸림돌로 치부되고 있다.

근본적인 문제는 교통 기술과 정책의 중심이 점점 보행자가 아닌 자율주행차로 옮겨가고 있다는 것이다. 문 대통령이 약속한 범정부적 차원의 노력을 자율주행차 상용화뿐만 아니라 보행자 안전에 투입하면 어떤 미래가 가능할까? 보행자 문제를 자율주행차 상용화 과정의 실수나 골칫거리로 여길 것이 아니라, 오히려 자율주행 기술을 보행자 안전을 확보하기 위한 범정부적 대책 중 하나로 삼으면 어떻게 될까? 보행자가 마음 놓고 걸어다닐 수 있는 교통 시스템은 무엇이며, 자율주행 기술은 그 속에서 어떤 역할을 맡아야 하는지를 고민한다면 더 놀라운 혁신이 가능할지도 모른다.

문 대통령은 2030년 자율주행차 상용화 약속을 꼭 지킬 필요가 없다. 정부와 업계가 함께 만들어 제시해야 하는 것은 상용화가 아니라 안전의 약속이다. 규제가 없어야 혁신을 하고, 그러고 나면 자연스럽게 '교통사고 제로시대'가 되어 안전해질 수 있다는 말은 너무 달콤해서 믿기 어렵다. 구체적으로 어떤 지원과 규제를 마련해서 안전하고 효과적으로 혁신을 이룰지 토론해야 한다.

자율주행차 조수석에 앉은 문 대통령은 운전자에게 "조마조마 안 해요?"라고 물었다. 뒷좌석에는 자율주행차 개발을 맡은 현대자동차 임원이 앉아 있었다. 그 차에 탄 사람들 모두에게 자율주행은 매력적이면서도 어렵고 두려운 일이었을 것이다. 대통령을 옆에 태우고 긴장한 운전자가 조심스럽게 대답했다. "네, 그렇습니다." 조마조마하지 않고 자신 있다는 뜻으로 한 대답인 듯하다. 그러나 자율주행차가 어디로 갈지 알 수 없는 보행자로서는 왠지 조마조마하다.

자율주행 시대의 운전*

자율주행차란 무엇인가? '자율주행 알고리즘이 운전하는 차'라고 대답할 수 있다. '사람이 운전하지 않는 차'라고 할 수도 있다. 알고리즘이 운전하는 차와 사람이 운전하지 않는 차, 이 둘은 같은 대상을 지칭하지만, 그 함의는 조금 다르다. 알고리즘이 운전을 하도록 허용하려면 알고리즘이 자동차의 운전에 필요한 모든 기능을 인간만큼, 심지어는 인간보다 잘 수행할 수 있다는 판단이 있어야 한다. 운전석에서 사

* 이 글은 2017년 11월 16일에 서울에서 열린 '제8회 아시아미래포럼'에서 「알고리즘과 사회적 가치 ― 자율주행차로 무엇을 할 것인가」라는 제목으로 발표한 내용을 확장하고 수정한 것이다.

람을 제거하려면 사람의 운전이 굳이 필요하지 않고, 심지어는 위험하다는 진단이 있어야 한다. 흔히 말하는 '자율주행 시대'가 도래하려면 이 두 가지 생각이 과학적으로 검증되고 사회적으로 공인되어야 한다. 자율주행 담론은 기술에 대한 확신과 사람에 대한 불신이 함께 만든다.*

자율주행 기술을 연구하는 엔지니어와 자율주행차 도입을 옹호하는 기업, 학자, 관료 들은 자율주행이 안전해지도록 만들기 위해 노력한다. 이와 함께 사람의 운전이 무용하고 위험하다는 논리를 확고하게 만들기 위해서도 노력한다. 자율주행은 운전과 안전의 문제를 동시에 생각하도록 만드는 강력한 화두가 되었다. 자율주행은 과연 안전한 시스템이 될 수 있을 것인가? 자율주행차를 앞에 두고 안전에 대한 우리의 태도와 정책은 어떻게 변화하는가? 운전이라는 개념과 행위는 과연 살아남을 것인가? 이는 교통안전 정책의 문제인 동시에 테크노컬처technoculture의 문제다.

* 자율주행에는 레벨 0에서 5까지 여러 단계가 있고, 자율주행차 개발에 나선 기업들은 모두 높은 수준의 자율주행을 달성하기 위해 애쓰고 있다. 이 글에서 자율주행은 주로 이중 가장 상위 단계인 완전자율주행(레벨 5), 즉 사람이 전혀 개입하지 않는 상태에서 알고리즘이 운전을 도맡아 하는 주행 방식을 뜻한다.

운전이란 무엇인가?

“자율주행차 보편화되면 미 운전기사 연간 30만 명 대량실업” “자율주행차, 택시기사 일자리 뺏을까” “일론 머스크, ‘인간의 자동차 운전이 불법이 될 수도 있다’”…… 자율주행차 소식을 전하는 기사 제목들은 자율주행 기술의 결과 혹은 지향점을 인간이 운전을 멈추는 것, 인간을 운전석에서 제거하는 것으로 설정하고 있다. 인간이 운전을 하지 않게 될 때 우리는 어떤 행위를 멈추는 것인가? 인간을 운전석에서 제거할 때 우리는 무엇을 제거하려는 것인가? 자율주행 담론에서 인간의 운전은 불필요하거나 위험한 행위로 묘사된다. 알고리즘이 웬만한 택시기사나 트럭기사보다 더 운전을 잘한다는 데이터와 주장이 쏟아진다. 또 교통사고 대부분이 운전자의 잘못으로 발생한다는 통계가 빠짐없이 곁들여진다. 인간 운전자가 유능하지도 않고 안전하지도 않다면, 궁극적 해결책은 인간 운전자를 없애는 것이 된다.

자율주행 논의는 운전을 재정의한다. 또는 그동안 자세히 검토하지 않고 쓰던 운전이라는 개념을 다시 생각하게 한다. 자율주행이 대체할 수 있는 인간 행위로서의 운전은 A 지점에서 B 지점으로 차를 움직이게 하는 기능적 행위다. 여기서 운전은 내비게이션과 동의어가 된다. 스마트폰 앱이나 자동차 내비게이션 화면상에서 목적지를 향해 가장 빠르고 효율적인 경로를 설정하고, 주변 차량과 방해물 및 차선을 파악하여 충돌하지 않고 이동하는 것이 곧 운전이다. 자율주행 상태에서 운전자와 차는 구별되지 않고, 운전은 곧 차의 움직임과 일대일로 대응한다. 운전자의 의도는 상관이 없고 결국 차의 궤적만이 중요하다. 한마디로 '운전'과 '주행'의 개념적 차이가 사라지는 것이다. 자율주행 시대는 '운전'(기계나 자동차 따위를 움직여 부림(표준국어대사전))을 '주행'(주로 동력으로 움직이는 자동차나 열차 따위가 달림(표준국어대사전))으로 치환하는 것으로부터 시작된다. 인간은 자율적으로 '운전'한다. 기계는 자율적으로 '주행'한다. 이 둘 사이에 아무 차이가 없다고 모두가 믿는다면 자율주행 시대는 더 빨리 도래할 수 있지만 그 결과에 대해서는 확신할 수 없다.

운전을 주행과 동일시하면 운전은 이제 인간의 고유한 성질, 특히 자율성이 필요한 일이 아니게 된다. 운전에 인간의 자율성이 별로 개입되지 않는다는 생각 자체는 그다지 새롭지 않다. 우리는 똑같은 운전이라도 다른 사람의 지시를 받거나 공식적으로 규정된 방식으로만 운전하는 사람들 역시 높은 수준의 자율성을 갖고 있다는 것을 좀처럼 인정하지 않으려 한다. 즉, 버스·트럭·택시 운전자들은 정해진 대로 혹은 지시받은 대로 차를 몰고 가는 기능을 수행할 뿐이므로 이 과정에서 고유한 자율성을 발휘할 일이 없다는 것이다. 오히려 버스·트럭·택시 운전자가 규칙과 규범을 따르지 않고 스스로 생각하고 판단하는 일은 위험하다고 느끼기 쉽다. 이미 사회적·문화적으로 자율성을 인정받지 못하는 운전자들은 앞으로 주행 기능만을 놓고 알고리즘과 비교당하게 되었다. 장기적으로는 인간이 패배하도록 설계된 대결이다.

인간 운전자에게 남은 선택은 무엇일까? 이제 인간은 운전대에서 손을 떼야만 하는 운명일까, 아니면 여전히 운전대를 잡을 필요가 있다고 주장할 근거가 남아 있을까? 인간 운전자가 사라질 수도 있다는 전망은 인간이 하는 운전의 의미를 돌아보게 한다. 이세돌-알파고 대국 이후 인공지능이 두는 바둑과 구별되는 인간이 두는 바둑의 의의를 따져보게 된 것처럼, 인간은 왜, 어떻게 운전을 하는지 질문할 수 있다. 이때 알파고 대국 직후에 그랬던 것처럼 인간이 알고리즘보다 직관적이고 창의적으로 운전할 수 있다고 주장하는 것은 별 효과가 없다. 입증할 수도 없고 설득력도 빈약한 논리다. 더 주목해야 할 것은 인간 운전자의 주행 기능을 알고리즘이 넘겨받아 잘 수행할 수 있다는 사실과 인간 운전자를 운전석에서 제거하는 것이 옳다는 주장 사이의 연결이다. 알고리즘이 인간만큼 주행을 잘 한다는 이유로 인간 운전자를 제거하는 것은 합리적이고 효율적이며 안전에도 도움이 되는 결정인가?

인간이 요구해야 하는 것은 운전은 곧 내비게이션 혹은 주행이라는 등식에 관한 토론이다. 주행 기술로 대체하지 못하는 운전의 영역이 과연 있는가? 운전을 하는 사람은 한 지점에서 다른 지점으로 이동하는 것 외에 어떤 일을 할 수 있는가? 사회는 그러한 행위에 어떤 의미를 부여하고 있는가? 알고리즘의 주행 성능이 점점 좋아지면서 새롭게 발견하게 되는 것은 운전의 비주행적 측면이다. 다시 말하면 '운전의 사회성'이라고 부를 만한 것이다. 운전은 운전자와 다른 운전자, 운전자와 승객, 운전자와 보행자 사이의 관계를 형성하고 반영한다. 이 관계 속에서 발생하는 상호작용은 사람과 사람 사이의 소통과 행동, 즉 사회적인 것이다. (바둑에 대해서도 비슷한 말을 할 수 있다. 인간이 알파고보다 잘 두거나 그와 다른 수를 둘 수 있다고 주장하기보다, 바둑이라는 게임의 근본적인 사회성에 주목함으로써 우리는 알파고 시대의 바둑의 의미를 모색할 수 있다.)

2017년 10월 EBS에서 방송한 다큐멘터리 〈한국기행〉의 '가을, 버스 안에서' 편은 전라남도 완도군의 작은 섬 청산도의 유일한 버스기사가 하는 운전을 보여주었다. 40년 동안 버스를 몰고 있는 청산도 토박이 김봉안 씨는 완도에서 온 배가 승객을 내려놓는 선착장에서 출발해 청산도 곳곳으로 주민들을 실어나른다. 정해진 노선이 있지만 정해진 대로만 운전하는 것은 아니다. 모든 주민을 아는 그가 모는 버스는 정류장만이 아니라 승객이 타거나 내리려는 곳마다 선다. 그는 "이 시골에서는 사람들 얼굴이 정류장이 되어버렸어요"라고 말한다. 또 김봉안 기사는 다른 차가 보이지 않는 한적한 길을 지나다가 갑자기 경적을 울리기도 한다. 앞차에 경고를 하기 위해서가 아니라 도로 옆 논에서 일하는 주민들에게 보내는 신호다. "차가 지나가면서 경적 울려주면 '새참 때구나, 점심 때구나' 하고 알아요"라고 그는 말한다. 청산도에 한 명뿐인 버스기사의 운전은 사람들과의 관계를 통해서만 가능한 행위고, 그 관계를 유지하는 데에 이바지하는 사회적 행위다. 역시 김봉안 기사를 다룬 여수 MBC의 프로그램 〈브라보 멋진 인생〉(2015)은 그가 운전만 하는 것이 아니라 버스 점검과 수리 등 "버스에 관한 모든 일을 도맡아" 하는 모습을 보여주었다. 김봉안 씨는 주행이라는 개념으로 다 담을 수 없는 사회적 운전을 하는 기사이며, 운전기사라는 이름으로 다 담을 수 없는 대중교통 종사자다.

2017년에 개봉해서 천만 관객을 불러들인 영화 〈택시운전사〉도 어찌 보면 운전의 사회성 혹은 정치성을 보여주는 작품이었다. 〈택시운전사〉의 홍보 문구 중에는 "손님이 가자면 택시는 어디든지 가는 거지"와 "1980년 5월, 광주로 간 택시운전사"가 있었다. 전자가 높은 요금을 지불하는 손님이라면 누구든지 태우고 가자는 대로 가는 택시운전사 김만섭 씨의 모습을 표현하는 것이라면, 후자는 두고 온 손님을 다시 태우기 위해 위험을 무릅쓰고 군인들의 경계를 뚫고 광주로 향하는 김만섭 씨의 모습을 가리킨다. "가자는 대로 간다"가 아니라 "가지 말래도 간다"가 영화 후반부에 나오는 택시 운전의 태도였다. 광주 택시기사들의 엄호 운전 속에 추격을 따돌리고 광주를 빠져나가는 장면은 합리적이고 효율적인 주행이 아니라 연대의 감정을 표출하는 사회적 운전이었다. 자율주행이 아니라 자율적 인간의 행동으로서의 운전이라고 할 수 있다.

〈택시운전사〉에 나오는 운전의 의미를 영화적 효과만을 위해 연출된 것으로 해석할 필요는 없다. 영화가 주목받으면서 1980년 당시 실제 택시운전사들의 이야기도 발굴되었다. 2017년 7월 『한국일보』의 한 기사는 광주 택시운전사의 회고를 이렇게 전한다. "사람들이 우왕좌왕하고 있을 때

시내버스를 앞세우고 택시들이 행진했죠. 라이트를 켜고 클랙슨을 울렸습니다. 그러자 사람들이 다시 모이기 시작했어요. 그대로 도청까지 갔습니다." 기자가 택시 행진의 계기를 묻자 그는 설명을 덧붙였다. "사실 택시기사들은 그때까지만 해도 전두환이 누군지, 12·12 사건이 뭔지도 잘 몰랐어요. 먹고사는 게 급하고 하루 20시간 가까이 일할 때였으니까요. 광주로 돌아오자마자 역전으로 가서 기사들을 모았죠. 그때만 해도 차도 택시도 얼마 없어 서로 얼굴을 알고 지냈습니다. 상황이 이러한데 우리가 이대로 있다간 다 죽게 생겼다고 말했어요. 각자 택시를 끌고 모였습니다. 클랙슨과 불빛으로 사람들의 마음을 움직였죠." 당시 상황에서 택시 운전은 그저 운전대를 잡고 차를 앞으로 모는 주행 이상의 행위였음을 알 수 있다. 또는 운전대를 잡고 차를 앞으로 모는 것 자체가 사회적·정치적 행동이 될 수 있음을 볼 수 있다. 인간이 하는 운전의 의미는 맥락에 따라 정해진다.

운전은 지금도 인간 자율성의 강력한 상징이 되곤 한다. 2017년 9월 말에는 사우디아라비아의 운전이 국제적으로 화제가 되었다. 국왕의 칙령에 따라 사우디 여성들이 드디어 운전을 할 수 있게 되었다는 소식이었다. 그동안 사우디는 세계에서 유일하게 여성의 운전을 금지하는 국가였고 이는 사우디 여성의 사회적 지위와 권리를 드러내주는 척도와 같았다. “역사적 조치”라고 소식을 전한 『연합뉴스』 기사는 어떻게 운전이 곧 자율성을 뜻할 수 있는지 설명해준다. “사우디에는 여성의 운전을 금지하는 명문법은 없지만, 나라는 여성에게 운전면허증을 발급하지 않는 방법으로 여성 운전을 허락하지 않았다. 외국인 여성도 사우디에서는 운전할 수 없었다. 운전한 여성은 체포돼 벌금을 부과받을 수 있다. 실제로 최근 한 여성이 남성 의상을 입고 운전하다가 경찰에 체포되기도 했다. 이 때문에 사우디에서 여성이 차로 외출하려면 가족 중 남성 보호자나 고용된 기사가 운전을 대신 해야 한다.” 만약 운전 허용 조처가 내려지지 않은 상태에서 사우디에 자율주행차가 도입된다면 사우디 여성들은 혼자 자율주행차에 타고 외출할 수 있을까?

사우디 여성이 운전할 권리를 위한 캠페인*은 여성의 얼굴과 운전대를 결합한 단순한 모양의 로고를 사용해왔다. 여성이 운전대를 잡고 있는 그림 자체가 강력한 사회적·정치적 의사 표현이 되었다.** 이 캠페인은 운전 허용 소식을 #saudiwomencandrive(“사우디 여성은 운전할 수 있다”)라는 해시태그와 함께 전했다. 2018년 3월에 『뉴욕타임즈』는 처음으로 운전을 배우기 시작한 사우디 여성들의 소식을 보도

했다. 교육을 받으면서 불과 몇 분간 차를 몰아본 한 사우디 여성은 "굉장했다"면서 "운전석에 앉는 것이 기분 좋았다"라고 말했다.*** 사우디의 운전석은 우리가 평등한 인간임을 증명하는 자리인 셈이다.

운전은 기능적 행위인 동시에 직업적 태도이며, 공동체를 유지하는 데 이바지하는 사회적 활동이고, 때로는 정치적 의사를 표출하는 통로가 되기도 한다. 즉, 운전은 인간이 역사적·사회적·정치적 존재로서 하는 행동이다. 이와 같은 운전의 의미는 주행 기술이라는 개념으로 환원할 수 없고, 따라서 알고리즘으로 단순 대체되기 어렵다. 알고리즘이 주행 기능을 더 많이 맡을수록 오히려 운전은 자율적 인간의 행위로서 재조명과 재인식이 필요해진다.

* #women2drive

** 사우디아라비아 여성운전 운동 〈위키피디아〉 페이지.
https://en.wikipedia.org/wiki/Women_to_drive_movement

*** Ben Hubbard, "Before the Kingdom Gives Them the Keys," *The New York Times*, 6 March 2018.

트롤리 문제와 안전의 윤리

운전과 주행을 동일시하는 자율주행의 논리는 안전에 대한 생각에도 영향을 미친다. 사회적 관계로서의 운전 대신 알고리즘적 운전, 내비게이션식 운전에 주의가 집중되면서 교통안전의 윤리 문제도 주행과 알고리즘의 관점에서 논의되는 경우가 많아졌다. 알고리즘이 사람보다 더 정확하고 실수 없이 주행하리라는 기대가 높아지면서 자율주행 시스템의 안전 문제는 주로 '전방 물체 충돌 방지'의 문제로 다루어진다. 또 대부분의 전방 물체를 자율주행차의 빠르고 민감한 센서가 감지해서 피할 수 있으리라는 가정이 널리 퍼진 가운데, 전방에 복수의 물체가 있어서 모두를 완전히 피할 수 없을 때 자율주행차가 어떤 '선택'을 해야 하는지가 마치 중요한 안전 문제인 것처럼 다루어진다. 이른바 '트롤리 문제'의 자율주행차 버전이다.

1967년에 윤리학의 사고실험으로 제안된 트롤리 문제는 최근 들어 자율주행차의 안전성을 논하기 위한 중요한 질문으로 소환되었다. 트랙 위를 달리는 트롤리의 사례를 가지고 시작했지만, 이제는 도로 위를 달리는 자율주행차의 문제라는 이미지가 점점 강해지고 있다. 수많은 변형이 있지만,

문제의 기본 구도는 비슷하다. 자율자동차 앞에 횡단보도를 건너는 보행자와 장애물이 등장했을 때, 가던 방향으로 계속 가면 장애물에 부딪혀 차에 타고 있는 사람들이 죽고, 장애물을 피하려고 핸들을 돌리면 횡단보도를 건너던 사람들이 죽는다면, 알고리즘은 어떤 결정을 내려야 하는가? 이것은 MIT의 미디어랩에서 '도덕적 기계Moral Machines'라는 제목으로 온라인에서 실시하고 있는 설문조사에 등장하는 시나리오다. MIT는 설문을 통해 트롤리 문제의 다양한 시나리오를 제시하고 사람들이 각각에 대해 어떤 판단을 내리는지 데이터를 수집하고 있다. 한국어판도 있다.* 주행 중에 돌발적인 상황이 생겨서 누군가는 사고의 희생자가 될 수밖에 없다면 누구를 희생시킬지를 묻는 것이다.

이런 트롤리 문제에 답은 없다. 무엇을 선택해도 그에 대한 반론이나 비난이 나올 것이다. 다만 우리는 이런 결정적인 상황에서 알고리즘이 내릴 결정이 사람의 생명을 좌지우지 하리라고 믿기 때문에 계속해서 이 트롤리 문제를 놓고 고민하는 것이다. 알고리즘은 승객과 보행자 중 누구를 살려야 하는가? 그러한 판단은 도대체 어떤 기준으로 내릴 수 있

* MIT '도덕적 기계' 웹사이트. moralmachine.mit.edu

단 말인가? 트롤리 문제는 결국에는 흔한 성격 테스트나 가치관 테스트로 귀결되기 마련이라 해답을 찾으려고 애쓸 필요는 없다. 그보다 필요한 것은 트롤리 문제를 통해 교통안전의 문제가 윤리적 선택의 문제로 치환되고 있음을 지적하고 그 의미를 따져보는 작업이다.

트롤리 문제가 상정하는 안전의 윤리학은 무엇인가? 많은 사람이 트롤리 문제를 해결하기 위해 여러 가지 실험을 할 때 바탕에 깔고 있는 생각은, 자율주행의 대부분은 가치판단과 관계가 없는 기술적 효율의 영역이고, 눈앞의 보행자를 피할 수 없는 긴급 상황에서만 윤리나 가치판단의 문제가 발생한다는 것이다. 즉, 자율주행의 99퍼센트는 윤리적 가치판단이 필요 없는 기술적인 계산의 영역에 속하고, 아주 순간적으로 발생하는 위기 상황에서만 윤리가 필요해진다는 관점이다. 트롤리 문제는 윤리나 가치를 단지 긴급 상황 대응의 문제로 좁혀버린다. 자율주행 알고리즘에 관계된 윤리나 가치의 문제는 1초 미만의 짧은 순간에만 발생하는 것으로 여겨진다. 그래서 이런 긴급 상황만 어떻게 해결된다면 자율주행은 하나의 독립되고 완벽한 기술로서 우리 교통 시스템에 들어와서 정착할 수 있을 것처럼 보인다. 트롤리 문제는 자율주행 알고리즘의 안전에 대한 우리의 윤리적 인식을 좁혀버릴 위험이 있다.

자율주행차의 안전은 눈 깜짝할 사이에 전방 횡단보도 위의 물체를 판단하는 문제가 아니라 더 긴 시간과 넓은 공간에 걸친 교통 시스템 문제의 일부로 파악해야 한다. 대부분의 트롤리 문제에 등장하는 것은 순간적이고 불가피한 상황이 아니라, 오랜 시간에 걸쳐 한 사회가 판단하고, 디자인하고, 실행해온 교통 시스템의 결과이기 때문이다. 자율주행 알고리즘이 눈 깜짝할 사이에 현명한 가치판단을 내려줄 것을 기대하면서, 알고리즘에 어떤 가치를 집어넣을 것인지 고민하는 것은 자율주행 안전의 해결책이 되지 못한다. 많은 중요한 결정들이 오래전에 내려진 채로 우리 사회의 교통 시스템 안에 고착되어 있으며, 자율주행 알고리즘의 현명한 판단은 이미 존재하는 교통 환경 안에서 제한된 효과만을 낼 수 있다. 윤리적 인간이 자율주행 알고리즘을 설계하든, 알고리즘 자체가 가치를 학습해서 윤리적으로 변화하든, 교통 안전의 큰 패러다임은 쉽게 바뀌지 않는다.

자율주행차용 트롤리 문제에 나오는 횡단보도와 보행자의 예를 더 생각해보자. 자율주행차가 길을 건너는 보행자를 치게 되는 상황은 왜, 얼마나 자주, 발생할까? 트롤리 문제가 발생했을 때 자율주행차가 횡단보도 보행자를 칠지 말지를 판단하도록 하기 전에, 우리는 현 교통 체계에서 보행자가 얼마나 안심하고 길을 건널 수 있는지를 살펴볼 수 있다. 도로 어디쯤 몇 개의 횡단보도를 어떻게 설치해서 보행자가 다니도록 할지에 대해 우리 교통 시스템은 이미 중요한 가치판단을 내려놓았다. 2017년 5월의 『중앙일보』 기사는 "그동안 횡단보도는 자동차에 밀려 있었다. '원활한 교통 흐름에 방해가 된다'는 지적 때문에 횡단보도 설치가 쉽지 않았다"라고 진단했다. 기사는 서울시 도시교통본부장이 "기존엔 보행자보다는 차량이 우선이었던 게 사실이다"라고 말했다고 전한다. 서울시가 무단횡단을 막고 보행자의 이동을 돕기 위해 횡단보도 숫자를 늘리고 횡단보도 사이 간격을 줄이려고 한다는 것이 보도의 요지였다.* 트롤리 문제를 보면서 우리는 알고리즘이 자동차와 보행자 중 무엇을 우선시할지 고민하지만, 사실 현재의 교통체계는 이미 보행자보다 자동차를 우위에 놓고 있다.

횡단보도를 더 많이 설치할 수 있게 된 것은 2016년에 도로교통법 시행 규칙이 개정되어 설치 최소 간격이 200미터에서 100미터로 줄었기 때문이다. 횡단보도 사이의 간격이 넓을수록 무단횡단 시도도 늘어난다. 규칙 개정 전인 2015년 3월 『뉴시스』 보도는 "이 같은 거리 제한 규정 탓에 횡단보도 확대 설치가 어려워 도심권에서는 도로를 건너가려면 먼 거리로 우회하거나 일부 보행자는 무단횡단을 하다가 교통사고를 당하는 경우가 많다는 게 경찰 측의 판단"이라고 전했다.** 트롤리 문제에 등장하는 긴급 상황은 이렇게 우리가 오래전에 내린 가치판단과 정책 실행의 결과로 생겨나는 것이다. "보행자와 자동차 중 무엇이 더 중요한가"라는 질문은 자율주행차보다 훨씬 앞서서 교통정책 입안자들이 오랜 기간에 걸쳐 반복적으로 묻고 답해왔으며, 그 결과는 교통 시스템에 지속적으로 반영되어왔다. 2014년 한국에서 전체교통사고 사망자 중 보행자 비율은 40.1퍼센트였다. OECD 평균은 19.5퍼센트다(e-나라지표 교통사고 현황).

보행자 안전을 추구한다면 자율주행차의 트롤리 문제 해결을 기대하기 전에 할 수 있는 일들이 많다. 2017년 9월에 『동아일보』는 "차량보다 사람을 배려한 대표적 교통시설"이라는 대각선 횡단보도 설치 정책을 다룬 기사를 실었다. 교차로에서 두 번에 걸쳐 기역 자로 건너는 대신 대각선으로 직접 건너면 더 빠르다. 네 방향의 차들이 모두 멈춘 상

* 조한대, 「ㄷ자 99초, X자 19초…… 횡단보도만 바꿔도 걷기 즐겁다」, 『중앙일보』, 2017년 5월 26일.

** 변해정, 「경찰, 연내 횡단보도 2000여 개 늘린다」, 뉴시스, 2015년 3월 24일.

태에서 건너기 때문에 더 안전하기도 하다. 기사는 대각선 횡단보도의 필요성을 이렇게 전한다. "차량 운전자가 녹색 신호에 무리하게 우회전하다 횡단보도를 건너던 보행자를 치는 경우도 잦았다. 2015년 10월 경기 부천시에서는 등굣길 횡단보도를 건너던 일곱 살 남자아이가 우회전하던 버스에 치여 숨지기도 했다. 사고 후 경찰이 해당 교차로에 대각선 횡단보도를 설치한 뒤에는 비슷한 사고가 일어나지 않았다."* 트롤리 문제로 사고실험을 하기 전에 정책과 디자인으로 직접 실험을 해서 보행자를 구할 수 있다는 것이다.

트롤리 문제는 윤리학 토론을 위한 훌륭한 사고실험이 될 수 있지만, 교통안전 시스템 개선에 유용한 문제는 아니다. 대부분의 교통안전 문제는 찰나에 내리는 윤리적 판단이 아니라 각종 이해관계가 얽힌 치열한 정책 결정 과정을 통해 해결할 수밖에 없다. 자율주행차가 도입된다고 해서 수십 년간 쌓인 디자인, 제도, 법규, 관행의 문제가 갑자기 사라질 리 없고, 똑똑한 주행 알고리즘이 눈에 보이지 않는 문제들을 다 피해갈 수도 없다. 자율주행차 알고리즘으로 구현하거나

* 서형석, 정성택, 「대각선 횡단보도 대폭 늘린다. 교차로 보행시간 크게 줄이고 교통사고 예방」, 『동아일보』, 2017년 9월 20일.

확보할 수 있는 안전은 전체 교통안전 문제의 작은 부분이다. 자율주행차는 보행자 안전 문제를 비롯한 전체 교통 시스템의 일부로서 생각해야 하고, 안전이라는 가치는 개별 자동차가 아니라 디자인, 제도, 법규, 관행 등 전체 시스템에 걸쳐 구현되어야 한다.

2018년 3월 18일에 미국 애리조나주에서 우버의 자율주행차 시험 운행 중에 발생한 보행자 사망 사고는 교통안전이 기술과 인간과 제도 모두와 얽혀 있는 문제임을 상기시킨다. 전방을 주시해야 했던 우버 시험 운전자의 부주의, 정상적인 조건에서라면 당연히 보행자를 인식했어야 했을 센서의 오류, 사고 지점의 도로와 횡단보도 설계, 자율주행차 테스트에 대한 규제를 대폭 완화한 애리조나주의 정책까지, 사고 원인을 해석하는 다양한 관점들이 등장했다. 이들 중 무엇을 강조하고 무엇을 간과하는지에 따라 자율주행의 다음 행보가 달라질 것이다. 어떤 방향으로 나아가든 자율주행의 성공과 실패는 단순히 알고리즘과 인간의 주행 기능 대결에 달린 것이 아니다.

운전이라는 메타포

왜 자율주행 기술을 개발하는가? 이 간단한 질문에 대해 모두가 합의하는 대답은 아직 보이지 않는다. "첨단 알고리즘을 통해 자동차의 주행 성능을 개선하여 운전자와 보행자가 더 안전해지게 하자"(자율주행 레벨 2와 3)라고 설명한다면 이의를 제기할 사람이 없을 것이다. 운전자의 피로를 줄이고 집중력을 높여 노인과 장애인도 편하게 운전할 수 있도록 하자는 것이니 말이다. 여기에서 더 나아가 "차에서 운전자를 없애자"(레벨 5)라고 한다면 어떨까? 인간은 위험하고 믿을 수 없으니 인간의 자리를 없애고 차가 스스로 운전하게 하자는 것이다. 알고리즘의 도움을 받는 차와 사람이 운전하지 않는(운전할 수 없는) 차는 비슷하면서도 다르다. 둘 사이에서 고민할 때, 혹은 후자를 최종 목표로 설정할 때 우리는 이미 자동차와 운전(자)에 대해 중요한 가치판단을 내린 것이다. 후자는 운전과 안전의 테크노컬처를 근본적으로 바꾸려는 시도다. 운전과 운전자의 역사성과 사회성 그리고 교통 안전의 윤리와 정치에 대한 인식의 변화를 동반하는 일이다.

2018년 2월 2일, 자율주행차를 타고 고속도로를 달린 문재인 대통령은 "세계 정상 가운데 고속도로에서 자율차를 탑승한 것은 제가 처음"이라며 자율주행에 대한 믿음을 드러냈다. 자율주행차 조수석에 앉은 문 대통령의 모습에서 그의 '한반도 운전자론'을 떠올리지 않을 수 없었다. 문 대통령은 한반도 문제에서 절대로 조수석에 앉을 생각이 없는 사람이다. 운전대를 직접 잡겠다는 의지를 표명해왔고, 최근의 판문점 정상회담에 이르기까지 그 의지를 실천해왔다. '한반도 운전자론'은 지난 100년에 걸쳐 형성된 운전이라는 메타포가 얼마나 강력한지를 보여준다. 홍준표 당시 자유한국당 대표는 "운전면허도 없는 문재인 정권이 어설픈 운전으로 김정은에게 운전대를 넘겨주고, 뒷좌석에 앉아 핵무기 쇼를 구경하며 자신들이 운전하고 있다고 강변하는 모습"이라고 비판했다(『조선일보』 2018년 3월 29일). 반면 민주평화당 박지원 의원은 "문재인 대통령이 현재 운전석을 잘 지키고 안전운전하고 있다"라고 평가했다(가톨릭평화방송 〈열린세상 오늘! 김혜영입니다〉 2018년 4월 2일 인터뷰). 2018년 1월에 『워싱턴포스트』는 문재인 대통령이 당선되기 전부터 대북 관계에서 "운전석에 앉겠다"고 다짐했지만, 실제로 운전을 하고 있는 것은 김정은이며, 문 대통령은 조수석에 앉은 정도이고, 트럼프 대통령은 뒷자리에 앉아서 따라가는 국면이라고 논평했다.* '운전대를 잡은 인간'이라는 메타포를 사용하지 않고 문재인 대통령의 최근 외교 행보와 남북관계를 논하는 것은 불가능해 보인다. 운전대가 사라지면 우리는 어떤 테크놀로지에서 새로운 개념과 언어를 찾아낼 것인가.

물론 운전이 인간성의 정수라고 할 수는 없다. 자동차 운전은 20세기에 등장해서 널리 퍼진 독특한 인간 행위 중 하나고 구체적인 역사와 문화의 산물일 뿐이다. 하지만 오늘날 산업사회에서 운전이 자율적으로 생각하고 행동하는 인간에 대한 가장 단순하고 강력한 메타포라는 사실도 부인할 수 없다. 자율주행에 대한 확신과 불안 뒤에는 적어도 100년의 역사가 깔려 있다.** 운전이 곧 주행이고 주행이 곧 운전이기에 사람은 운전대에서 손을 떼어도 되고 그렇게 하는 것이 옳다는 확신. 운전은 그저 주행이 아니며 운전대에서 손을 뗄 때 우리는 생각보다 많은 것을 같이 놓아버리게 될지 모른다는 불안. 기능인 동시에 메타포인 운전의 속성을 고려해야 이런 양가적인 태도를 이해할 수 있다. 운전은 곧 안전

* Anna Fifield, "Trump Asked Moon to Give Him Public Credit for Pressuring North Korea into Talks," *The Washington Post*, 20 January 2018.

** Robert Moor, "What Happens to American Myth When You Take the Driver Out of It? The Self-Driving Car and the Future of the Self," *New York Magazine*, 17 October 2016.

의 문제라는 (비교적 최근의) 시각도 빠뜨릴 수 없다. 운전이 주행으로 치환되고 자율의 주체가 인간에서 알고리즘으로 이동하는 것은 과연 운전과 안전의 미래에 축복이 될 수 있을까.

‘도전! 골든벨’ 유감

2019년 6월 23일 KBS 〈도전! 골든벨〉 제천제일고편. 최후의 일인으로 남은 최장영 학생이 마지막 50번 문제를 앞두고 있었다. 친구들은 두 손을 모으고 눈물마저 글썽이면서 최군이 마지막 문제를 맞히고 골든벨을 울릴 수 있기를 기원했다. 교장 선생님은 최군의 이름으로 “최고다, 장하다, 영웅이다”라고 삼행시를 지어 응원했다. 골든벨을 울릴 경우 전교생에게 피자를 사주겠다는 약속도 이미 해두신 상태였다.

“브레이크가 고장 난 기차가 달리고 있습니다.” 교장 선생님이 대망의 골든벨 문제를 읽기 시작하자마자 나는 탄식했다. ‘아, 제발 그것만은…….’ 이어지는 설명은 예상을 벗어나지 않았다. "레일 위에는 다섯 명의 인부가 일하고 있는데, 이대로 달린다면 다섯 명은 반드시 죽게 됩니다. 기차의 방향을 바꾸면 다섯 명은 살 수 있지만 또 다른 쪽에는 한 명의 인부가 있습니다. 여러분은 어느 쪽을 향해 달릴 것인가요?" 문제가 딱 여기서 끝났다면 차라리 나았을 것이다. 우리는 이 가상의 상황을 놓고 각자의 인간관과 세계관을 즐겁게 토론할 수 있다.

그러나 골든벨 문제가 단지 최군의 도덕성을 시험하는 것일 리는 없다. 곧이어 자율주행차라는 맥락에 대한 설명이 따라 나왔다. "스스로 운행이 가능한 자율주행자동차가 상용화되면서 '이것'이 다시 등장하고 있습니다. 자율주행자동차 운행 중 인명 피해를 피할 수 없는 상황에서 '과연 누구를 희생양으로 삼도록 알고리즘을 짜야 하는가?'라는 것인데요, 다수를 구하기 위해 소수를 희생할 수 있는지를 판단하게 하는 '이것'은 무엇일까요?" 최장영군은 '고장 난 기차의 딜레마'라고 적었다가 곧 지우고는 고민 끝에 "피자 못 먹여서 미안하다. 제천제일고 화이팅!"이라고 쓰고 말았다. 위로와 격려의 박수가 터져 나왔다. 제작진이 원한 정답은 '트롤리 딜레마'였다.

어찌 보면 평범한 이 문제의 문제는 자율주행차가 인간

의 생사를 가르는 결정을 내리는 상황을 암묵적으로 인정하도록 만드는 데에 있다. 우리는 왜 "자율주행자동차 운행 중 인명 피해를 피할 수 없는 상황"이라는 설정을 당연하게 받아들이는가? 인간처럼 졸지도 않고 실수도 하지 않아서 인간 운전자를 대체하는 것이 마땅하다는 첨단 자동차가 어떻게 브레이크가 고장 난 채로 다섯 명 아니면 한 명을 죽일 수밖에 없는 비합리적인 상황에 놓일 수 있단 말인가? 이렇게 불안정한 테크놀로지를 도입해도 괜찮은가?

하루 전인 6월 22일, 서울 상암에서는 서울시, 국토교통부, 과학기술정보통신부가 주최한 '자율주행 페스티벌'이 열렸다. 김현미 국토부 장관, 박원순 서울시장 등을 태운 자율주행 버스는 시속 10킬로미터로 움직이다가 중앙선을 침범하고 차로 언저리의 설치물을 건드려 눈길을 끌었다. 사람 운전자가 했다면 벌점 40점을 받아 면허가 정지될 수 있는 미숙한 운전이었다. 인명 피해가 불가피한 긴급 상황에서 현명한 판단을 내리는 자율주행차가 아니라, 편히 달리라고 마련해 놓은 도로에서도 좌충우돌하는 차였다. 최군이 썼다가 지운 "고장 난 기차의 딜레마"라는 답에 나오는 '고장 난 차'였다.

자율주행차에 '트롤리 딜레마'가 있다고 말할 때 우리

는 자율주행 기술의 잠재적 문제를 따져보는 대신 그 기술이 완벽해진 어느 미래의 비현실적 윤리 문제로 관심을 돌린다. 반면 최군이 '트롤리' 대신 쓴 '고장 난 기차'라는 말은 자율주행차든 또 어떤 테크놀로지든 언제라도 고장 날 수 있다는 당연한 사실을 드러낸다. 이렇게 보면 '트롤리 딜레마'는 사실 딜레마가 아니라 고장 난 기계가 초래하는 흔한 문제 중 하나에 불과하다. 우리는 "과연 누구를 희생양으로 삼도록 알고리즘을 짜야 하는가"라는 황당한 질문이 아니라, "자율주행차가 고장 났을 때에도 사람이 다치지 않으려면, 또 고장을 제때 발견하고 고치려면 어떻게 알고리즘을 짜고 자동차를 생산해야 하는가"라고 질문해야 한다. 우리는 자율주행차에 대한 도덕적 딜레마에 빠져 있지 않다. 아직 충분히 믿고 탈 수 있는 자율주행차를 개발하지 못했을 뿐이다.

너그러운 교장 선생님 덕에 피자를 먹을 수 있었던 제천제일고 학생들에게 전하고 싶다. 여러분의 친구 최장영은 골든벨 문제를 틀리지 않았으며, 오히려 그 문제를 통해 자율주행차에 대한 선부른 기대에서 벗어날 수 있는 계기를 제공했다고.

⁂

칼럼을 쓰면서 글에 언급한 사람들이 읽어주기를 기대하는 경우가 많지는 않다. 이 글은 프로그램 제작진과 제천제일고 학생들이 꼭 읽게 되기를 바라면서 썼다. 과연 그랬는지 확인할 길은 없다. 2020년이면 도래할 것이라던 완전 자율주행 시대는 오지 않았다. 테슬라의 일론 머스크는 약속한 날짜를 계속 미루고 있다. 완전 자율주행이라는 비현실적인 약속을 믿고 기다리는 것보다 현실적으로 가능하고 또 바람직한 운전보조 기술과 교통안전 인프라를 만들고 점검하는 일이 더 중요하다. '트롤리 문제'라는 비현실적 윤리 문제도 '고장 난 차'라는 현실적 안전 문제로 바꾸어 생각해야 한다.

“내가 다 알아볼 테니까”

드라마 〈뷰티 인사이드〉에는 한 달에 일주일씩 다른 사람으로 변하는 병에 걸린 여자 주인공이 나온다. 그 상대역인 남자 주인공은 사람 얼굴을 알아보지 못하는 병이 있는데, 특이하게도 여자 주인공만은 어떤 모습으로 변하든 알아보는 것으로 설정되어 있다. 내 겉모습이 어떻든 그 속에 있는 존재, 그 아름다움을 알아봐주는 사람이 있으리라는 소박한 환상을 자극하는 드라마다. 예고편에서 남자 주인공은 이렇게 말한다. “괜찮아. 내가 다 알아볼 테니까.”

누군가가 나를 알아봐주는 것이 인생의 큰 기쁨이라면, 일상의 소소한 기쁨은 기계가 나를 알아봐주는 순간들이다.

자동 수도꼭지가 내 두 손을 알아보고 물을 흘려주거나 자동 문이 내 몸뚱이를 알아보고 문을 열어줄 때 느끼는 찰나의 기쁨이 있다. 지문으로 출입문을 열고 얼굴로 스마트폰 잠금을 열 때도 순간적으로 불안과 안도가 교차할 것이다. 기계가 인식하지 못하는 사람에게는 불편과 곤경이 뒤따른다. 그럴 때는 카메라나 센서 앞에서 손을 흔들어보고, 앞뒤로 걸어보고, 안경을 벗었다가 다시 써보고, 땀을 닦아보아야 한다. 매일 조금씩 다른 상태인 나를 기계가 알아봐줄 때까지.

얼마 전 보도를 통해 접한 '인공지능 면접관'은 '인간을 알아보는 기계'라는 주제의 결정판이라고 할 만하다. 서류에 적힌 정보나 자기소개서를 인공지능이 빠르게 읽고 처리하는 것을 넘어서서, 구직자가 카메라 달린 컴퓨터를 통해 인공지능 프로그램의 질문에 답을 하고 평가를 받는 면접 시스템이 등장했다는 것이다. 기계는 나의 몸을 인식하고 신원을 확인하는 데서 그치지 않고 나의 능력과 가치까지 알아봐주겠다고 나섰다.

기업들은 인공지능 면접을 통해 더 많은 지원자에게 면접 기회를 줄 수 있다고 말한다. 셀 수 없을 만큼 많이 지원서를 내지만 면접 한 번 보기 어려운 구직자에게는 반가운 소식이 될 수도 있다. 또 채용 과정에 대한 불신이 높아진 요즘,

차라리 기계가 내 능력을 제대로 평가해주리라고 기대할 수도 있겠다. 이미 비인간적인 행태가 만연한 채용 시장에서 인공지능 면접을 비인간적 도구라고 마냥 비판하기도 쉽지 않다. 인공지능 면접을 거부하고 나를 제대로 알아봐줄 인간 면접관을 요구할 수 있는 배짱을 가진 구직자가 몇 명이나 있을까.

보도에 나온 인공지능 면접 프로그램은 지원자가 자기 얼굴을 컴퓨터 화면의 작은 네모 안에 맞추어 넣고 '안면 등록' 버튼을 누르는 것으로 시작한다. 지원자가 자기를 소개하거나 질문에 답을 하는 동안 지원자의 표정과 목소리와 발화 내용이 잘게 쪼개져 실시간으로 분석된다. 인공지능은 지원자가 행복, 놀람, 화남, 경멸 등 어떤 감정 상태에 있는지 파악하고, '긍정 단어'와 '부정 단어'를 어떤 비율로 쓰는지도 분석한다. 심장이 뛰면서 얼굴색이 미묘하게 변하는 것도 포착할 수 있다고 한다. 면접을 마치면 인공지능은 지원자에게 '주의력이 좋은', '설득력 있는', '표정이 밝은' 같은 키워드를 부여하고, 현재 재직자들과 비교해서 그가 앞으로 '고성과자'가 될 수 있을지 예측한다.

구직자와 인공지능 면접관 사이의 시선은 비대칭적이다. 구직자는 면접관을 볼 수 없을 뿐만 아니라 면접이 잘 흘러가고 있는지도 가늠할 수 없다. 다만 인공지능 면접관에게 잘 보이기 위해 얼굴 근육을 움직이고 말투를 바꿀 수 있을 뿐이다. 인공지능이 얼굴색의 변화를 잘 인식할 수 있도록 인공지능 면접 날에는 화장을 짙게 하지 말라는 친절한 조언도 이미 나와 있다. 또 '긍정 단어'를 조심스레 고르고 '포기하지 않는'이라는 키워드를 부여받기 위해 애써야 한다. 즉, 구직자는 인공지능 맞춤형 인간이 되어야 한다.

인공지능 면접에 임하는 구직자의 처지는 인간과 인공지능 관계의 앞날을 미리 보여준다. 우리는 영화에 나오는 것처럼 인공지능과 교감하고 사랑을 나누는 것이 아니라, 나를 실시간으로 꿰뚫어보고 분석하는 인공지능에게 잘 보이려 애쓰는 처지가 되어간다. 우리는 자발적으로 인공지능과 공존하는 것이 아니라 울며 겨자 먹기로 인공지능 앞에 우리를 내보여야 한다. 진심과 가식을 모두 담아 인공지능 앞에 서야 한다.

인공지능이 기업과 국가를 대리하여 "괜찮아, 내가 다 알아볼 테니까"라고 말한다면 우리는 기뻐해야 할까, 두려워해야 할까.

⁂

기업이든 대학이든 면접은 비싸고 느린 작업이다. 2019학년도 카이스트 학부 신입생 면접은 교수 두 명이 한 조가 되어 하루 종일 겨우 스무 명 남짓의 지원자를 만나는 일정으로 진행됐다. 이틀 동안 진행된 면접에 수백 명의 교수와 진행요원이 참여했다. 수많은 학생을 촘촘한 일정에 맞춰 A면접장과 B면접장으로 차례차례 이동시키는 일에도 상당한 준비와 노하우가 필요했다. 면접위원 점심식사를 위해 교수 식당 두 곳을 통째로 비워두기도 했다. 질문의 핵심을 파악하고 소신껏 대답하는 학생을 보는 즐거움도 있지만, 비슷한 질문을 던지고 고만고만한 대답을 들어야 하는 번거로움도 있다. 그래도 아직 인공지능 면접을 하자는 얘기는 나오지 않아서 다행이다.

인공지능 면접이 시간과 비용을 줄인다는 점에는 이견이 없다. 이견이 있는 지점은 시간과 비용이 줄 때 함께 줄어드는 것이 무엇이냐다. 빠르고 경제적인 인공지능 면접이 면접의 핵심 기능과 가치를 떨어뜨리지 않는지에 대한 질문이다.

인공지능 면접 프로그램의 도입에서 가장 안타까운 것은 그것이 더 공정한 시스템일 수도 있다는 기대의 확산이다. 인공지능 면접이 인간 면접관에게 있을 수 있는 편견, 특혜, '갑질'을 줄여서 더 합리적이고 공정한 결과를 낳을 수 있다는 기대는 왜 생기는가. 인공지능 알고리즘에 편견이 없거나 적다는 주장은 검증되지 않았다. 사람을 분류하고, 평가하고, 선발하는 일을 위해 개발된 각종 인공지능은 여성과 흑인 등 사회의 비주류에 속하는 사람들에 대한 편견, 무지, 오해를 반복해서 드러내왔다. 인공지능은 어느 평행우주에 있는 이상적인 사회의 데이터로 학습하고 계산하는 것이 아니라, 이미 불공정하고 불평등하고 각종 이해관계가 얽혀 있는 현실사회의 데이터를 사용해서 그런 세계에 살고 있는 사람들의 삶에 영향을 미칠 결정을 내리기 때문이다. 사람과 조직과 제도를 통해 충분히 공정한 시스템을 구축하는 일이 어렵다고 해서, 공정함에 대한 책임을 인공지능에게 떠넘길 수는 없다.

무심코 그린 얼굴

최근 소셜 미디어에서 '페이스앱'이라는 프로그램을 써서 변형한 자기 사진을 올리는 사람이 꽤 많았다. 페이스앱은 남성 얼굴이라고 인식한 사진을 여성 얼굴처럼 보이게 변환해주는 기능을 갖췄다. 여성 얼굴로 인식한 사진은 남성 얼굴로 바꿔준다. 사용자들은 앱이 생성한 사진을 보면서 예쁘다, 멋지다, 잘 어울린다, 지금과 다른 성으로 살았어도 괜찮았겠다는 식의 평가를 주고받았다. 알고리즘이 자동으로 남성을 여성으로, 여성을 남성으로 바꿔주면서 어색함과 익숙함을 동시에 느끼게 한 것이 이 앱의 인기 비결인 것 같다.

하지만 여성과 남성이라는 범주의 경계를 넘어가서 살

고 있는 트랜스젠더 여성 또는 남성이 이 앱이 만든 사진을 소셜 미디어에 즐겁게 공유하는 장면은 상상하기 어렵다. 트랜스젠더 여성은 이 앱이 자기 얼굴을 여성(또는 남성)으로 인식한 뒤 그것을 남성(또는 여성)의 얼굴로 바꿔서 보여주는 것을 어떻게 해석해야 할까? 페이스앱은 젠더에 대한 우리의 통념에 기대고 있다. 사용자들이 한 젠더에서 다른 젠더로 순간적으로 옮겨간 자신이나 친구의 모습에 재미를 느끼는 것은, 그런 경계 넘기가 실제로는 일어나지 않을 일이라고 가정하기 때문이다. 페이스앱은 두 가지 젠더가 있고 그 둘 사이의 경계가 견고하다는 믿음 위에서만 재미를 준다.

페이스앱은 인공지능이 얼굴을 가지고 그 사람의 젠더를 자동으로 인식하고 분류하는 '자동 젠더 식별' 기술의 한 사례다. '자동 젠더 식별' 알고리즘은 공중화장실처럼 한 젠더만 출입하도록 규정된 공간에 다른 젠더의 사람이 접근하는 것을 통제하는 등의 용도로 사용할 수 있다. 트랜스젠더 컴퓨터공학자인 오스 키스는 2018년에 '자동 젠더 식별' 기술 연구 동향을 분석한 논문에서 대부분의 연구가 식별 대상인 젠더를 남성과 여성 두 가지만으로 설정하고 그 범주는 변화할 수 없는 것으로 가정하고 있음을 발견했다. 그는 이런 젠더 체계 안에서 얼굴 인식 기술을 개발할 때, 그 체계에 들어맞지 않는 트랜스젠더의 존재와 삶을 배제하게 된다고 지적했다. 인공지능의 젠더 식별 정확도가 높아질수록, 트랜스젠더를 식별 대상에 넣지 않는 차별적인 시스템도 더 굳건해진다.

얼굴에서 사람의 정체성이나 성향을 읽어내고 판정하려는 시도는 젠더뿐만 아니라 인종 문제에도 맞닿아 있다. 2020년 6월 하순에는 얼굴 사진으로 그 사람의 '범죄 성향'을 예측할 수 있다는 알고리즘 연구에 대해 컴퓨터공학, 인문학, 사회과학 연구자 2400여 명이 공개적으로 비판 서한을 발표했다. 알고리즘 연구진은 이 소프트웨어가 경찰의 범죄예방 활동에 도움을 줄 것으로 기대했고, 이들이 속한 대학은 "80%의 정확도로 그리고 인종적 편견 없이, 소프트웨어는 사람의 얼굴 사진만 가지고서 그가 범죄자인지 예측할 수 있다"고 홍보했다. 비판자들은 이런 연구야말로 인종적 편견에 기반하고 있고 그것을 강화할 것이라고 주장했다.

공개서한은 이렇게 지적한다. "인종적 편견 없이 '범죄 성향'을 발견하거나 예측하는 시스템을 개발하는 것은 불가능하다. '범죄 성향'이라는 개념 자체가 인종적 편견을 담고 있기 때문이다." 현재의 범죄자 데이터베이스는 범죄 성향 분포의 객관적 반영이 아니라 인종차별적인 경찰과 사법 시스템의 산물이다. 흑인을 잠재적 범죄자로 취급하고, 이들에게 부당한 공권력을 행사하면서 감옥으로 보내온 사회적, 역사적 시스템이 인공지능 연구 안으로 침투해 있다는 것이 비판자들의 주장이다. 인공지능이 얼굴 사진을 보자마자 범죄성향을 판단하도록 훈련하는 데에 쓰이는 데이터는 흑인을 보자마자 범죄자로 의심하는 경찰의 행태가 만들어낸 것이다.

얼굴을 슬쩍 보고서 그 사람을 식별하고 평가하는 인공지능을 만들려는 시도는 한동안 계속될 것이다. 얼굴이 그 사람의 본질을 담고 있다는 오래된 통념을 인공지능이 확인해줄 것만 같다. 그러나 얼굴은 윤곽선과 굴곡과 피부색의 집합이 아니며, 물리적 얼굴을 특정한 정체성이나 성향으로 대응시키려는 시도는 언제나 실패했다. 알고리즘은 얼굴에 새겨져 있는 차별과 배제의 경험을 읽어낼 수가 없다. 그 역사를 읽지 않는 것을 알고리즘의 객관성이라고 믿는 순간, 차별과 배제의 역사는 알고리즘을 통해 반복된다. 알고리즘은 여성, 남성, 트랜스젠더, 흑인의 얼굴을 무심코 그리는 법을 모른다.

단 사람이
죽지 않아야 한다

택배 일정과 경로를 짜는 것은 매우 복잡한 계산 문제다. 흩어져 있는 사람들에게 크기와 무게가 제각각인 물건을 배달하는 경로는 무수히 많다. 물건과 주문자의 숫자가 조금만 커져도 모든 경우의 수를 직접 계산하고 확인할 수 있는 사람은 없다. 컴퓨터의 힘, 알고리즘의 힘을 빌려야 한다. 이세돌 9단이 알파고에게 한 판을 이긴 것 같은 일은 택배 계획 짜기 시합에서는 일어날 수 없다. 택배 일정과 경로 짜기야말로 알고리즘의 놀라운 힘을 확실하게 보여줄 수 있는 분야이고, 택배 문제는 알고리즘 짜는 법을 배우는 유용한 사례가 된다.

물건의 개수와 주문자의 위치만으로도 택배는 충분히 어려운 문제이지만, 대형 온라인 쇼핑 업체들이 사용하는 알고리즘은 더 많은 요소들을 반영해서 배달 시간과 비용을 최소로 만든다. 이런 물류 알고리즘을 전문적으로 개발하는 이들은 택배 차량이 지나갈 도로의 상태, 시간대에 따른 교통량 변동, 차량 주행 습관까지 고려해서 배달 시간, 연료 사용량, 택배기사 숫자를 줄이려 한다. 상품 종류별 싣고 내리는 시간의 차이도 계산해보고, 연료를 아끼려면 무거운 상품을 먼저 배달해야 할지도 따져본다(『MIT 테크놀로지 리뷰』 2017년 8월 기사). 알고리즘은 사전에 나오는 '물류'의 정의, 즉 "필요한 양의 물품을 가장 적은 경비를 들여 신속하고 효율적으로 원하는 장소에 때맞춰 보낼 수 있도록 함으로써 가치를 창출하는 경제활동"을 지원하는 데에 최적화된다.

하루에 물건을 400개쯤 배달하는 택배기사들이 연달아 사망하는 것을 보면 택배 알고리즘은 그 모든 물건이 결국 사람이 운전하는 차에 실리고 사람 손에 들려서 소비자 문 앞에 도달한다는 사실을 고려하지 않고 있는 것 같다. 과로로 몸과 마음이 소진된 상태로 물건을 배송하던 기사가 호흡곤란으로 숨지는 바람에 택배가 멈출 수 있다는 가능성은 아무도 생각하지 않았다. 알고리즘은 택배기사의 몸을 물류,

즉 물건의 흐름 바깥으로 치워버린다. 택배 알고리즘은 물건을 분류하고 싣고 내리고 들고 다니는 사람을 배제함으로써 가장 빠르고 가장 편하다는 시스템을 구축했다.

빠르고 정확한 배달은 택배기사가 사망하지 않는다는 조건 안에서만 가능하다는 진실을 반영하는 알고리즘은 짤 수 없는가. 택배 알고리즘을 가르치고, 배우고, 개발하고, 사용하는 모든 주체가 이 시스템에서 사람이 죽을 수 있는지 여부를 평가 기준으로 삼을 수는 없는가. 대학의 컴퓨터 과학 수업에서 하루에 수백만 개의 물건을 배달하는 알고리즘을 짜는 과제를 내고서 "단, 배달하는 사람이 죽지 않아야 한다"라는 조건을 달아보면 어떨까. 학생들은 알고리즘 과제를 하다가 이 사회 깊은 곳의 '버그'(프로그램 설계 오류)를 발견하게 될 것이다. 좋은 학점을 받기가 쉽지 않은 과제일지 모른다.

하지만 불가능한 과제는 절대 아니다. 물류 기업과 알고리즘 설계자는 이미 택배기사의 일거수일투족을 들여다볼 수 있다. 택배기사가 몇 걸음을 걷는지, 계단을 몇 개쯤 오르는지, 그러면서 에너지를 얼마나 쓰는지 추적하고 계산할 능력이 있다. 택배기사 본인보다 더 정확하게 알 수도 있다. 또 사람이 장기간에 걸쳐 스트레스를 받으면서 어느 정도 뛰어

다니면 사망할 가능성이 높아지는지에 대한 의학 데이터를 얻는 일도 어렵지 않을 것이다. 이 모든 데이터를 종합하면 택배기사가 언제쯤 쓰러질지 예상할 수 있고, 그러면 언제쯤 작업을 멈추어야 하는지도 계산할 수 있을 것이다. "배달하는 사람이 죽지 않아야 한다"라는 단순한 조건을 만족시키는 알고리즘은 얼마든지 가능하다.

사망한 택배노동자 김원종 씨의 아버지는 아들이 일하던 얘기를 하며 "밥 먹을 시간 좀 주십쇼, 밥 먹을 시간"이라고 호소했다. 그가 보기에 아들의 일은 "뛰어다녀, 뛰어다녀……" 한 가지였다. 밥 먹을 시간, 쉴 시간을 주는 것. 뛰어다니다가 죽지 않도록 하는 것. 택배 시스템을 굴리는 알고리즘 속에 먹고 자고 일하는 사람을 넣어 다시 짜는 작업이 필요하다. 이것은 현재 가장 절박한 알고리즘 윤리 문제다. 추상적 윤리 논쟁이 아니라 정말 사람을 죽일 수도 있는 시스템의 해악에 대한 문제다. 택배 기업의 임시 조치나 택배 주문자의 선의에 기대지 않고, 시스템 자체를 새로 설계하는 일이다. 알고리즘을 다시 짜자는 것은 사회를 다시 짜자는 말과 같다.

⁂

코로나19를 거치면서 각종 배달 수요가 늘어났고, 그에 따라 배달 알고리즘이 배달 노동자에게 미치는 영향도 더 극적으로 드러나기 시작했다. 알고리즘이 시키는 대로 배달을 다니는 라이더는 과연 이것이 정말 효율적이고 안전한 동선인지 의심한다. 하지만 알고리즘이나 기업에게 그것을 따져 물을 방법은 별로 없다. 배달 노동을 하는 박정훈 라이더유니온 위원장은 배달 알고리즘에 어떤 속성이 있는지 알아보는 현장 실험을 한 다음 쓴 글에서 이렇게 말한다. "AI는 노동자를 인간이 아니라 점으로 대한다. 영화 〈모던타임즈〉에서 찰리가 기계부품처럼 돌아갔다면, 라이더들은 휴대폰 앱 속에서 지치지 않고 끊임없이 이동한다. 손님은 자신의 휴대폰에서 인간이 아닌 귀여운 캐릭터가 이동하는 모습을 지켜본다"(『경향신문』 2021년 6월 15일). 알고리즘이 계산해서 정해 준 길을 따라 움직이는 것이 점이나 캐릭터가 아니라 바이크와 트럭에 탄 사람이라는 사실을 새삼 강조해야 할 만큼 우리는 알고리즘에 무지하거나 알고리즘이 주는 편리에 길들여져 있다.

이루다는 몇 살이었나

2021년 1월 며칠 동안 논란의 중심에 섰던 인공지능 챗봇 '이루다'가 결국 서비스를 중단했다. 여성으로 설정된 이루다를 사용자들이 성희롱 대상으로 삼는 일도 있었고, 이루다가 흑인과 동성애자 등 소수자에 대한 혐오가 담긴 대답을 하는 문제도 드러났다. 그동안 수집한 연인들의 카카오톡 대화 내용을 이루다 개발용 데이터로 사용한 것에 대한 문제 제기도 있었다. 이루다를 개발한 회사 스캐터랩은 1월 11일 공식 입장문을 내어 문제를 인정하고 사과했다. 반응은 다소 엇갈린다. 이루다의 개발과 서비스 과정이 모두 잘못되었다는 사람도 있고, '청년 스타트업'이 시행착오를 딛고 앞으로 더 성장하기를 응원하는 사람도 있다.

이 논란에서 내가 주목하게 된 것은 이루다의 나이다. 이루다는 몇 살인가. 스캐터랩이 "너의 첫 에이아이AI 친구"라는 이루다를 내놓으면서 공식적으로 설정한 나이는 스물이다. 여러 연령대에서 편하게 말을 걸 만한 대상으로 스무 살 여성을 선택했으리라 짐작한다. 미성년자로 설정할 경우 일부 사용자가 이루다와 대화하면서 아동학대 같은 상황을 만들 수 있다는 고려도 있었겠다. 사실 나이가 몇이든 이루다를 여성으로 설정하는 순간 챗봇이 희롱과 학대의 대상이 되는 것을 피하기는 어려웠다. 이루다는 스무 살 성인 여성으로 행세하며 사용자 75만 명과 대화를 나누었다.

하지만 스캐터랩이 내놓은 공식 입장문을 읽다 보면 이루다가 진짜 몇 살인지 궁금해진다. 최근 발생한 문제들을 언급하며 회사는 이렇게 설명한다. "이루다는 이제 막 사람과의 대화를 시작한 어린아이 같은 에이아이입니다. 배워야 할 점이 아직 많습니다." 여러 언론에서 인용한 회사 관계자의 발언도 이와 비슷하다. "현재 이루다가 언어를 자유롭게 배우는 단계라면, 앞으로는 이루다가 올바른 방향으로 발전하도록 튜닝할 것"이라고 한다. 스캐터랩의 김종윤 대표도 인터뷰에서 이루다를 부모의 보호나 지도가 필요한 존재로 보았다. "결국 루다에게도 일반 유저가 아닌 부모 역할을 할 사람이 필요하다"는 것이다(『지디넷코리아』). 이런 평가는 서비스를 시작하면서 "루다가 말을 너무 잘해서 진짜 사람처럼 느껴질 때가 있을" 거라고 소개했던 때와는 다른 인상을 준다. 이루다의 서류상 나이는 스물이지만, 회사에서 실제 세는 나이로는 유치원이나 초등학교 저학년 정도가 아닌가 싶다. 이루다는 대체 몇 살인가.

괜한 트집 잡기처럼 보일 수도 있지만, 이루다의 나이는 꽤 중요한 문제다. 인공지능 챗봇 서비스에는 두 종류의 나이가 작동하고 있다. 하나는 사용자를 끌기 위한 마케팅용 나이, 또 하나는 인공지능의 언어 구사와 상호작용 수준을 기술적으로 평가한 나이라고 할 수 있다. 이루다 같은 인공지능 챗봇에는 이 두 나이 사이에 근본적인 괴리가 있다. 그래서 일단 사용자를 끌기 좋은 나이를 설정해놓고, 문제가 생기면 거둬들이면서 아직 어린아이일 뿐이라고 해명하곤 한다.

인공지능이 나잇값을 못 하는 문제를 무마하기 위해 자주 동원되는 것이 '부모-자식 관계'와 '학습'이라는 수사다. 개발자는 인공지능의 부모 역할을 자임하고, 인공지능이 '학습'을 통해 쑥쑥 성장하는 자식이라고 생각한다. 우리 아이가 아직 어려서 서툴지만, 학습을 계속하면 다 잘할 거라는 태도다. 지금은 무슨 뜻인지도 모르고 인종 차별과 소수자 혐오 발언을 하지만, 더 풍부하고 정돈된 데이터로 충분히 '학습'하면 문제가 사라질 것이라 믿는다. "더 좋은 답변이 무엇인지에 대한 판단을 함께 학습하도록" 해서 "더 나은 이루다로 찾아뵙고자" 한다는 스캐터랩의 입장문도 이런 관점을 취하고 있다.

그러나 인공지능에 필요한 것은 부모가 아니다. 부모는 자식의 허물을 객관적으로 보지 못한다. '학습'이 나잇값 하는 인공지능을 만들어주는 만능 해결책도 아니다. '학습'을 핑계로 실전 평가가 유예되는 중에도 이미 내놓은 혐오 발언은 실제 세계에서 널리 유통된다. 사람과 접촉하는 인공지능 서비스에 필요한 것은 너그러운 부모가 아니라 책임감 있는 사업자와 까다로운 감독관이다. 인공지능 아이를 키우는 마음 대신 실제 아이 75만 명이 사용할 나무블록 장난감을 만들고 판매하고 평가할 때와 같은 깐깐함이 더 나은 인공지능 개발에 유용하다. 어떤 재료가 쓰였는지, 피부에 닿아도 괜찮은지, 쌓다가 무너져도 다치지 않는지 제대로 따져보자는 것이다.

⁂

미래형 첨단 기술인 인공지능 서비스를 나무블록 장난감과 비교하는 것이 온당하지 못하다고 느낄 사람도 있을 것이다. 인공지능은 나무블록 장난감보다 훨씬 더 복잡하고 어려운 기술과 서비스라고 생각할 수도 있다. 그렇다면 인공지능 서비스를 이케아IKEA의 조립가구 제품과 비교하는 방법도 있다. 전세계에서 동일하게 판매하고 있는 이케아 가구 제품은 인종, 성별, 종교, 직업에 상관없이 누가 구입해서 포장을 뜯고 조립을 하더라도 그 결과물이 사용자의 생활에 도움을 줄 뿐 아니라 그 사람이 다치는 일이 없도록 만들어졌다는 인상을 준다. 자사의 가구가 조립되고 사용되는 수많은 조건을 미리 파악하고, 어떤 환경에서도 최소한의 안전을 확보하기 위한 설계와 테스트를 거쳤을 것이다. 손놀림이 서툴고, 조심성이 부족하고, 장난기가 많은 사람이 조립하고 사용하더라도 어느 정도까지는 버티도록 만들었을 것이다. 이루다처럼 불특정 다수의 사용자를 겨냥한 인공지능 서비스에 필요한 것은 바로 이런 식의 디자인, 테스트, 제조, 평가 시스템이다. 인공지능은 물리적 실체가 없는 무형의 기술로 보일지 모르지만 사람과 사회에 유형의 피해를 입힐 수 있다. 꼼꼼하게 설계하고 철저하게 테스트하고 현명하게 사용할 때에만 인공지능은 나무블록 장난감이나 이케아 가구처럼 인간에게 즐거움과 편리를 줄 수 있다.

인공지능이 칼이 될 때

2020년 새해를 앞두고 정부가 발표한 '인공지능AI·에이아이 국가전략'은 "아이티IT 강국을 넘어 에이아이 강국으로"라는 표어를 담고 있다. '선진국' 대신 '강국'이라는 단어를 골랐다는 사실에서 정부의 결기가 느껴진다. 그러면서도 '군사 강국', '복지 강국', '스포츠 강국'이라는 표현과 달리 '에이아이 강국'은 무엇이 어떻게 강한 나라일지 구체적으로 떠오르지는 않는다. "세계를 선도하는 인공지능 생태계 구축" "사람 중심의 인공지능 구현" 등 전략 문서가 제시하는 추진 과제를 보면 감이 잡히긴 하지만, '에이아이 강국'에서 살고 싶은지 아닌지는 잘 모르겠다.

국가전략 발표보다 두 달 앞서 문재인 대통령이 직접 밝힌 '인공지능 기본구상'은 인공지능을 우리가 당면한 각종 문제의 해결사로 추켜세운다. 우리가 "가장 똑똑하면서도 인간다운 인공지능"을 만든다면 그 인공지능은 "고령화 사회의 국민 건강, 독거노인 복지, 홀로 사는 여성의 안전, 고도화되는 범죄 예방 등 우리 사회가 당면한 여러 문제들을 해결해낼 것"이라고 한다. "인공지능의 발전은 인류가 그동안 경험해보지 못한 세상으로 인류를 이끌 것"이라는 대통령의 말에서 신기술에 대한 강한 기대와 신뢰를 읽을 수 있다. 대통령은 아예 "인공지능 정부가 되겠습니다"라고 다짐하기도 했다.

대통령과 정부가 인공지능이라는 강력한 기술에 대한 입장을 공식적으로 밝히는 일은 중요하다. 인공지능은 정부가 작동하는 거의 모든 영역에 영향을 미칠 수 있으므로, 어떻게 사용하는지에 따라 '인공지능 정부'는 우리가 기다리던 그런 정부가 될 수도, 그 반대가 될 수도 있다. 인공지능에도 국정철학이 반영되어야 한다.

바로 그런 이유로 대통령과 정부는 마치 검찰을 대하듯이 인공지능을 대할 필요가 있다. 세상 모든 문제에 개입하여 뒤흔들 수 있는 힘이 어떻게 사용되는지 점검하고 견제하고 비판할 수 있어야 한다는 것이다. 곤란한 문제들을 단칼에 풀어주는 해결사는 매력적일지 몰라도 감시와 견제 없는 해결사는 사람을 옥죄고 해치는 결과를 낳을 수 있다는 점에서도 그렇다. "가장 똑똑하면서도 인간다운 인공지능"이 저절로 더 멋진 세상으로 이끌 것이라고 믿는 것은 검찰이 가장 유능하면서도 합리적일 것이라 믿고 기다리면 더 정의로운 세상이 올 것이라고 기대하는 것과 같다.

정부에서 활용하는 인공지능과 검찰의 공통점은 둘 다 사람을 식별하고 분석하고 평가한다는 것이다. 정부는 기준을 세워 사람을 판단함으로써 편의를 제공하거나 공권력을 행사한다. 검찰이 내리는 판단이 어떤 사람의 인생을 좌우하듯이, 정부 안에서 인공지능이 내리는 판단도 많은 사람의 삶에 영향을 미칠 수 있다. 대통령이 언급했듯이 인공지능을 복지나 범죄 예방의 목적으로 사용할 때 우리는 그 대상이 어떤 자격이나 이력이 있는 사람인지, 과연 그 사람을 믿어도 되는지 아니면 골라내고 배제해야 하는지에 대한 판단을 인공지능에 맡기고 싶어한다. 특정한 부류의 사람에 대한 편견이 있을 법한 담당 공무원이나 경찰보다는 인공지능이 적법한 수혜자와 잠재적 범죄자를 가리는 데에 더 나을 것이라고 기대한다.

그러나 인공지능이 사람의 정체와 가치를 더 잘 판단하리라는 믿음은 아직 검증되지 않았다. 다른 말로 하면, 인공지능은 아직 '문재인 대통령 국정철학 테스트'를 통과하지 못했다. 즉 인공지능이 사람을 분류하고, 성향을 분석하고, 등급을 매기고, 그에 따라 이익과 불이익을 배분하는 결정을 할 때, 그 기회가 평등하고 과정이 공정하고 결과가 정의롭다고 장담할 수 없다는 것이다. 지금까지 드러난 사례들은 인공지능이 이미 소외되고 차별받고 있는 사람들에게 불리한 판단을 내릴 가능성, 즉 현재의 불평등과 불공정과 부정의를 답습할 가능성을 경고한다. 가령 미국 샌프란시스코와 오클랜드시에서 경찰이 인공지능 기반의 얼굴인식기술 사용을 금지한 것은 백인 남성에 비해 유색인종과 여성 식별에 문제가 있다는 비판 때문이다.

인공지능은 요긴하면서도 위험한 칼과 같다. "가장 똑똑하면서도 인간다운 인공지능"이라는 희망적인 수사만으로는 인공지능이 인간의 삶에 개입하는 방식을 적절하게 제어할 수 없다. "사람 중심의 인공지능"이라는 애매모호한 원칙보다 더 필요한 것은 인공지능이 사회적 약자를 부당하게 겨누는 것을 막는 정책과 실천이다.

⁂

「인공지능이 칼이 될 때」라는 이 글의 제목은 숙명여대 홍성수 교수의 책 제목『말이 칼이 될 때』(어크로스, 2018)에서 빌려온 것이다. 법학자인 홍성수 교수는 책에서 한국 사회의 혐오표현 문제를 분석하고 성찰한다. 알게 모르게 내뱉는 말들이 마치 날카로운 칼처럼 소수자에게 상처를 입히는 현상은 인공지능의 윤리, 안전, 정책을 논할 때에도 참고할 만하다. 다양한 목적으로 활용될 수 있는 인공지능 기술이 정부 시스템 속으로 들어가 시민들의 삶에 알게 모르게 영향을 미칠 때 그것이 마치 칼처럼 누군가를 베어낼 가능성은 없는지 따져보아야 한다.

3장

사람이 지키는 세상

기술의 무거움에 대하여

2018년 11월의 KT 아현국사 화재가 드러낸 것은 통신 기술의 '무거움'이다. 디지털 통신은 가벼워서 빠른 것이 아니라 무거워서 빠르다. 사람과 사람, 컴퓨터와 컴퓨터를 연결하는 통신은 더 빨라지는 동시에 더 무거워졌다. 더 많은 전선, 설비, 건물, 사람이 통신 인프라를 구성하면서 비로소 더 빠른 연결이 가능해졌다.

통신 산업은 통신의 속성 중 빠름을 앞으로 내세우고 무거움을 뒤로 숨기는 데에 성공했다. 통신 서비스의 질은 영화 한 편을 내려받는 데 걸리는 시간을 기준으로 평가된다. 통신 서비스 사용자는 통신이 공기처럼 가볍고 마법처럼 신기한 무엇이라고 믿게 되었고, 뒤로 숨겨진 케이블, 설비, 사람의 무거움은 잊었다. 문제는 통신 사업자가 이 무거움을 자신의 시야에서도 밀어내는 데에 성공했다는 사실이다. 통신을 가능하게 하는 모든 무거움이 중요하지 않다고 스스로 믿게 되면, 화재에 대비한 스프링클러도 거추장스러워 보이고 케이블을 유지하고 복구하는 인력도 쓸데없어 보인다.

통신에 필요한 무거운 것들을 잊을 때 우리는 한 번 연결된 것은 영원히 연결된 것이라고 착각한다. 손가락 끝으로 화면을 터치하면 모든 것을 주문할 수 있고, 카드 하나만 들고 있으면 모든 것을 결제할 수 있다는 착각이다. 우리가 손가락을 대거나 카드를 꽂는 동안에도 누군가 케이블을 깔고 점검하기 위해 땅속으로 들어가야 한다는 사실을 기억하지 못한다. 그렇게 바닥에 깔린 채 우리의 시야에서 사라졌던 케이블과 사람이 이번 화재를 통해 비로소 드러났다. 이른바 '초연결사회'는 이들이 가까스로, 위태롭게 지탱해왔던 것이다.

화재 이후의 혼란 속에서 많은 사람이 통신 인프라 없이는 신용카드가 무용지물이라는 당연한 사실을 절감했다. 신용카드는 지폐와 동전이 든 지갑보다 가벼울지 몰라도, 신용카드 결제 한 건을 처리하는 데에는 엄청난 무게의 전선과 서버가 필요하다. 지폐는 한 사람의 손에서 다른 사람의 손으로 옮겨지는 것만으로 거래를 성사시키지만, 신용카드는 그것이 정당하고 유효한 것인지 확인하기 위해 전기신호가 땅속의 케이블 더미를 한 바퀴 돌고 와야 하기 때문이다. 신용카드는 겉보기보다 훨씬 복잡하고 무거운 기술이다.

이에 비해 지폐는 지갑을 무겁게 만들긴 하지만 거래를 할 때마다 거창한 인프라를 동원할 필요가 없다는 점에서 가벼운 기술이다. 지폐에도 위변조를 막기 위한 첨단 디지털 기술이 필요하지만 일단 사용자의 손에 들어간 지폐는 인프라에 의존하지 않고 작동한다. 화재나 지진으로 주변 세계와 시스템이 손상된 상황에서도 사람이 지폐를 들고 움직이면 여전히 필수적인 거래를 해결할 수 있다. 지폐는 느리지만 확실한 기술이다.

디지털 통신 기술은 복잡하고 불안하니 단순하고 정감 있는 아날로그 시절로 돌아가자는 얘기가 아니다. 어떤 기준으로 시스템을 설계하고 관리하고 사용할지 생각해보자는 것이다. 전면에 부각되는 빠름과 효율의 가치에만 주목하면 뒤에 서 있다가 위기의 순간에 묵묵히 일을 해내는 견고한 기술을 간과하게 된다. 2019년에 나온다는 5G 스마트폰은 분명 1969년에 아폴로 우주선을 달로 데려간 컴퓨터와 통신 장비보다 빠르고 강력하겠지만, 닐 암스트롱과 동료들이 목숨을 맡길 만큼 견고하거나 신뢰할 만하지는 않을 것이다. 시스템이 지향하는 가치가 다르기 때문이다.

KT 아현국사 화재가 보여주었듯이, 우리에게 필요한 것은 빠른 시스템만이 아니라 목숨을 맡길 수 있는 시스템, 최악의 상황에서도 근근이 작동하는 시스템이다. 화재 한 건 때문에 응급 전화를 걸 수 없게 되고, 병원 내부의 통신이 어려워지고, 기본적 경제 활동을 할 수 없게 되는 시스템은 우리 삶을 떠받친다는 '인프라'의 정의를 배반한다.

우리는 인프라가 눈부신 활약을 하기보다는 무겁게 제자리를 지켜주기를 기대한다. 이는 인프라가 절대 망가지지 말아야 한다는 뜻이 아니라, 언제 발생할지 모르는 사고와 고장에 대비해서 언제라도 달려올 수 있는 경험 많은 사람들을 충분히 확보하고 유지해야 한다는 뜻이다. 또 신용카드와 지폐를 섞어 쓰듯이 한 부분이 무너졌을 때 그것을 보완하고 대체할 수 있는 수단과 통로를 만들어두어야 한다는 뜻이다. 그러려면 영화 내려받기 속도만이 아니라 견고성, 신뢰성, 공공성으로 기술과 인프라를 평가하는 생각의 전환이 필요하다.

성급한 무인화의 오류

선구적 업적을 남긴 컴퓨터 과학자 마빈 민스키는 인공지능을 "사람이 하려면 지능이 필요할 일을 기계가 하도록 만드는 과학"이라고 정의한 바 있다. 기계가 과연 '지능'이란 것을 가질 수 있는지 철학적으로 따지려면 끝이 없겠지만, 기계가 어느 정도의 지능을 갖춘 사람이 하는 일을 수행하게 하는 것은 가능하다. 심지어 사람이 했다면 '똑똑하다', '스마트하다'는 말을 들을 법한 일을 스스로 해내는 기계도 점점 늘어나고 있다.

문제는 이와 함께 사람이 했다면 '끔찍하다'는 소리를 들을 법한 일을 기계가 하는 경우도 많아졌다는 것이다. 정부와 기업은 사람이 했다면 명백한 차별이라고 부를 만한 행위를 기계가 은근슬쩍 하게 하는 것에 능숙해졌다. 이를 민스키가 '인공지능'을 정의하듯이 '인공 차별'이라고 부를 수도 있겠다. '인공 차별'은 기계와 같은 인공물을 통해 사람을 차별하는 것이다.

무인 시스템은 종종 인공 차별의 현장이 된다. 휠체어를 타고 패스트푸드 점포에 들어온 사람에게 점장이 "이유를 밝힐 수는 없지만 우리는 당신에게는 햄버거를 팔지 않겠습니다"라고 말한다면 그것은 누가 보기에도 명백한 차별일 것이다. 국가인권위원회에 진정을 내야 할 일이다. 요즘 패스트푸드 가맹점마다 들어서고 있는 주문용 무인 단말기는 바로 그런 일을 하고 있다. "당신에게 햄버거를 팔지 않겠다"라고 소리 내어 말하지 않을 뿐이다.

휠체어를 탄 사람은 손이 닿지 않는 높이에 있는 무인 단말기 화면 앞에서 차별을 경험한다. 일반 주문 창구에 사람이 배치되어 있지 않거나 점원 중 누군가가 주문을 도와주러 무인 단말기까지 나오지 않는다면, 휠체어를 탄 사람은 햄버거를 주문하지 못하고 돌아가야 할 수도 있다. 무인 기계가 점장과 경영자를 대신하여 휠체어에 탄 사람을 은근슬쩍 내쫓는 것이다. 사람끼리 얼굴을 보고는 차마 하지 못할 일을 무인화 기계를 내세워서 하고 있다.

아기를 태운 유모차를 먼저 밀어 넣고서 막 열차에 오르려는 엄마를 인식하지 못한 채 문을 닫고 출발해버리는 무인 지하철은 어떤가. '무인 원격제어시스템'을 통해 35초가 지나면 자동으로 문을 닫는 인천지하철 2호선에서 실제로 일어난 일이다(2017년 『한겨레』 보도). 스크린도어에 레이저 센서가 12개나 있어서 사람이 지나가면 알아서 문을 연다고 하면서도, 무인 시스템은 유모차와 엄마 사이의 거리는 미처 보지 못하고 신경도 쓰지 않는다. 무인 지하철은 "재주껏 빨리빨리 움직이지 않으면 엄마가 아기를 놓치든 말든 열차를 출발시킬 수밖에 없다"는 비인간적 경고를 하는 셈이다. 엄마 얼굴을 직접 보면서는 절대 할 수 없을 얘기다.

무인화는 그것을 실시하는 기업이나 기관에는 업무를 단순하고 효율적으로 만드는 것을 뜻하지만, 무인 기계가 사정을 봐주지 않는 어떤 이용자들에게는 차별과 절망을 뜻한다. "당신 같은 사람에게는 서비스를 제공하지 않겠습니다. 제공하더라도 더 느리고 불편하고 위험한 방식으로 하겠습니다." 기업과 기관은 무인 시스템의 입 아닌 입을 빌려 이렇게 말하고 있는 것이다. 무인화가 곧 '사용 금지', '출입 금지' 명령이 되는 이들은 그전에도 시설과 서비스 이용에 불이익을 받던 사람들이다.

오직 경제성만을 고려하는 무인화는 논리 교과서에 나오는 '성급한 일반화의 오류'를 닮았다. 그 조처가 다양한 인간에게 미칠 영향에 대한 충분한 데이터와 분석 없이 무인 시스템이 더 나은 시스템이라는 결론을 도출한다. 서서 걸어 다니고, 유모차 없이 다니는 등 특정한 조건을 갖춘 일부 사람에게 편하고 빠른 것을 모두에게 그런 것처럼 함부로 일반화한다. 그러는 중에 인간의 다양한 조건과 필요를 평면적으로 만들고, 표준적인 규격에 들어맞지 않는 인간을 배제한다.

곳곳에서 성급한 무인화가 진행되는 것은 4차 산업혁명에 대한 조급증처럼 보인다. 특히 그 과정에서 사람이 했다면 불공정하고 잔인하다고 비판받을 일을 무인 기계에 위임하는 현상이 반복되고 있다. 불친절하고, 무책임하고, 융통성 없고, 사람을 차별하는 무인 기계는 한번 들여놓으면 '해고'하기도 어렵다. 성급한 무인화는 사람에게 상처를 입히고, 조직에 부담을 주고, 사회적 갈등을 유발한다. 성급한 무인화는 결국 4차 산업혁명의 발목을 잡을 것이다.

메인테이너,
세상을 지키는 사람

2017년 5월의 어느 주말에 두 가지 눈물을 보았다. 5월 27일에는 중국의 커제 9단이 한층 강해진 인공지능 바둑 프로그램 알파고와 대국을 하던 중에 눈물을 보였다. 만 열아홉 살의 나이에 세계 최정상급의 바둑 실력을 갖춘 청년이 공교롭게도 무적의 바둑 인공지능의 등장을 목격하는 역할을 맡아 흘린 눈물이었다. 5월 28일에는 1년 전 서울 지하철 구의역에서 스크린도어를 수리하다가 사망한 김모 군을 추모하는 사람들이 9-4 승강장에 꽃과 메모지를 놓으며 눈물을 흘렸다. 당시 만 열아홉 살이었던 김군은 쉴 새 없이 열리고 닫히는 스크린도어에 고장이 얼마나 잦은지, 그것을 고치는 일이 얼마나 위험한지 우리에게 알려주었다.

기계와 대결하다 패한 인간이 흘린 눈물과, 기계를 고치다가 죽은 인간을 추모하는 눈물은 이른바 4차 산업혁명 시대에 인간이 처한 곤경을 상징하는 것만 같다. 인간은 기계에 패하고서 밀려나거나 기계를 돌보다가 죽어나간다. 실제로 패배하거나 죽지는 않더라도 이 둘 중 하나가 자신의 처지라고 느끼는 사람이 많다. 인간과 기계를 경쟁 구도로 보는 4차 산업혁명 담론은 주로 첫 번째 인간의 처지에 주목한다. 반면 4차 산업혁명 시대에도 여전히 기계를 유지하고 수리하는 사람들은 화려한 혁명의 무대 뒤편에 숨어 있다. 그 이름조차 다 알려지지 않은 채 '김군'으로 남을 뿐이다.

기술의 역사를 연구하는 미국 학자 앤드루 러셀과 리 빈셀은 2016년에 발표한 「메인테이너에게 갈채를」이라는 글에서 하루하루 이 세계가 무너지지 않고 작동하도록 해주는 메인테이너maintainer의 존재와 역할에 주목할 것을 촉구했다. '유지하다', '지속하다', '지키다'라는 뜻의 동사 '메인테인maintain'에서 생겨난 말인 '메인테이너'는 기술을 운용하고, 관리하고, 보수하는 사람을 뜻한다. 한마디로 기계를 지키는 사람이다. 한 포털사이트가 제공하는 영한사전에는 무성의하게도 "maintain하는 사람"으로 정의되어 있을 뿐인 낯선 용어다.

러셀과 빈셀은 언론과 학계의 관심이 온통 혁신가, 발명가, 기업가에 쏠려 있지만, 실제로 사람들의 생활과 안전과 건강에 더 많이 기여하는 것은 메인테이너라고 주장했다. 우리는 천재적인 혁신가 없이도 근근이 살아갈 수 있지만 성실한 메인테이너 없이는 일주일도 버틸 수 없다. 하지만 혁신가가 앞에서 주목받고 지원받고 성공하는 동안 메인테이너는 뒤에 남겨지고 잊히고 사라지기 마련이다.

요즘 회자되는 4차 산업혁명의 물결 속에서 구의역 김군 같은 메인테이너의 자리는 위태롭다. 스마트 기술이 만드는 4차 산업혁명으로 일자리가 줄어들지 늘어날지를 놓고 학계와 언론에서 정답 없이 갑론을박하는 동안에도 수많은 김군이 기계를 고치기 위해 뛰어다니지만, 구의역 사고 후 1년이 지나도록 김군들의 고용과 작업 조건을 개선하는 일은 충분하지 못했다. 또 자율주행차가 전방에 갑자기 나타난 두 명을 피하기 위해 운전대를 돌려 옆에 비켜서 있던 한 명을 치는 것과 그대로 주행해서 두 명을 치는 것 중 어느 쪽이 더 윤리적인지 따지는 탁상공론이 무색하게도, 열차 지연 정보를 전달받지 못한 채 선로 유지 보수 작업을 하던 노동자 두 명이 KTX 열차에 치여 숨지는 일도 있었다. 이들은 작업용 손수레를 선로에서 급히 치우느라 열차를 피하지 못했다(『한겨레』 2016년 9월 23일 자 기사).

이세돌과 커제를 이긴 인공지능이 관리를 맡으면 앞으로 이런 불행이 사라질까? 4차 산업혁명 시대에는 무엇이든 기계가 인간보다 잘할 것이라는 말은 인간 없이 작동하는 시스템이 가능하다는 환상을 품게 한다. 하지만 스스로 완벽하게 작동하는 시스템이란 먼지가 끼지 않는 센서, 부식되지 않는 재료, 끊어지지 않는 연결, 고장 나지 않는 기계로 된 세계, 즉 비현실적인 세계다. 우리가 실제로 사는 세계는 눈에 띄지 않는 수많은 김군들이 매일같이 살피고 수리하지 않으면 곧 무너지고 만다.

자율주행차 같은 기술이 4차 산업혁명이라는 미래를 보여준다고 해도, 그 미래를 유지할 수 있게 하는 것은 달리던 자율주행차가 고장으로 오도 가도 못할 때 우리를 구하기 위해 숨차게 달려올 김군들이다. 지금처럼 그때가 와도 김군들은 위험을 안고 일할 것이다. 지난 주말 김군을 추모하는 많은 이들이 흘린 눈물은 기계와 우리 모두를 지켜주는 메인테이너들을 지켜내겠다는 다짐이었다.

⁂

『한겨레』에 이 글이 게재된 후 한 독자의 이메일을 받았다. 과학기술 분야 대학에서 행정 업무를 담당하는 이 독자는 그동안 대학 내에서 자신이 하는 일의 의미를 찾기 어려워 고민해왔는데, 이 칼럼을 통해 자신이 대학에서 메인테이너의 역할을 해왔음을 알게 되었다고 했다. 모든 대학이 혁신과 첨단을 앞세우고 오직 새로운 결과, 최고의 성과만을 중시하는 분위기에서 남들이 하는 혁신 활동을 관리하고 지원하는 메인테이너는 자신의 일의 가치를 당당하게 표현하지도, 인정받지도 못한다. 모든 혁신의 현장이 그렇듯, 대학도 성실하고 경험 많고 사려 깊은 메인테이너 없이는 일주일도 버티지 못한다. 언제나 있고 어디에나 있는 존재인 메인테이너를 부르는 적절한 한국어 단어를 아직 찾지 못했다는 것은 부끄러운 일이다.

한 명 더 부탁드립니다

사람 없이 일하는 기계와 사람처럼 일하는 기계. '4차 산업혁명'의 핵심 기술이라 불리는 인공지능과 로봇이 약속하는 것은 바로 이런 '기계 같지 않은 기계'들이다. 자율주행차, 무인공장, 인공지능 판사, 로봇 선생님……. 이런 미래형 기계들은 사람 없이 일하기 때문에 싸고 안전하며, 사람처럼 일하기 때문에 사람을 대신할 수 있다는 것이다. 유토피아가 될지 디스토피아가 될지 의견이 분분하지만, 자율적이고 인간적인 기계들이 인간을 대신할 미래가 곧 도래할 것이라는 데에는 이견이 적은 듯하다.

제주의 공장에서 현장실습생으로 일하던 특성화고 3학

년 이민호 씨의 죽음은 이런 미래의 꿈에 빠져 있는 우리를 흔들어 깨운다. 그는 2017년 11월 9일, 제품 적재기 프레스에 목과 몸통이 눌리는 사고를 당했고 19일에 숨을 거두었다. 『한겨레』는 "관리자 없이 일하다 기계에 눌려"라는 문구로 이 사고를 요약했다.

이민호 씨가 다루던 기계는 사람 없이 일하지 못했다. 이민호 씨는 공장 안을 뛰어다니며 기계가 제대로 작동하는지를 살펴야 했다. 기계는 자꾸 고장 났고, 현장실습생은 고장 난 기계를 고치는 일도 했다. 그러느라 이민호 씨는 장시간 노동에 시달렸다. 이민호 씨의 목숨을 앗아간 기계는 사람처럼 일하지도 못했다. 기계는 접근하는 사람을 인식해서 경고를 보내거나 사람이 끼이는 사고가 났을 때 자동으로 멈출 줄을 몰랐다. 옆에 있는 사람이 어떻게 되든지 상관하지 않았다. 기계를 소유한 사람이 그런 기능을 설치하지 않았기 때문이다.

현장실습생은 사람 같지 않은 기계 옆에 혼자 남겨졌다. 프레스에 몸이 눌릴 때에도 혼자였다. "파렛타이져 혼자 보고 있습니다. 한 명 더 부탁드립니다." 관리자에게 이런 메시지를 보낸 적도 있었지만, 그는 결국 혼자 기계를 돌보다가 죽었다(JTBC 보도). 1970년 이래 "우리는 기계가 아니다"라는 외침을 계속 들어왔던 한국 사회가 2017년에는 "한 명 더 부탁드립니다"라는 간절한 요청을 받고 있다. 공손해서 더 아픈 부탁이다.

한 명 더 보내달라는 이민호 씨의 요청은 무시당했다. 이민호 씨만이 아니다. 이용자가 많아 '지옥철'로 불리는 서울지하철 9호선에서는 기관사가 충분히 쉬지 못한 채 다음 운행에 투입되고, 많은 역이 1인 근무 체계로 운영된다. 서울9호선운영노동조합은 인력 충원을 요구하며 11월 말에 파업을 했다. 제대로 점검받지 못한 타워크레인에 올라 일해야 했던 사람들이 자꾸 추락하고 숨졌다. 올해에만 열일곱 명이다. 최근 몇 년 새 국내 타워크레인 수가 배로 늘었지만 이를 설치하고 해체하는 전문 인력은 거의 늘지 않았다(『한겨레』 보도). 곳곳에서 혼자 기계를 보고 있는 사람들이 한 명 더 보내달라는 신호를 소리 없이 전송하고 있다.

사람처럼 일하는 기계는 없다. 기계처럼 일하는 사람이 있을 뿐이다. 사람 없이 일하는 기계도 없다. 설치하고, 운용하고, 점검하고, 보수하는 사람이 끊임없이 개입하지 않으면 기계는 일을 망치거나 사람을 해친다. 먼 미래에 인공지능을 장착한 로봇만 사람을 해칠 수 있는 게 아니라 지금 있는 모든 기계가 이미 그렇다. 사람 없는 기계는 위험하다. 한 명 더 필요한 이유다.

기계가 필요한 곳에 기계를, 사람이 필요한 곳에 사람을. 당연하기 짝이 없는 이 말을 현실에서 구현하는 데에는 엄청난 지식과 노력과 결단이 필요하다. 기계를 만들고, 공장을 관리하고, 기업을 경영하고, 현장을 감독하는 사람들이 모두 생각을 바꾸고 그에 따라 행동해야 한다. 기계공학, 로봇공학, 산업공학, 경영학, 사회학, 법학, 생리학, 보건학 등 모든 학문 분야가 참여할 수 있다. 기계의 자리에 기계를 놓고, 사람의 자리에 사람을 놓는 것은 정치인의 과제이기도 하다. 이 당연한 일을 앞으로 어떻게 처리할 것인지, 한국 사회는 모든 이민호 씨와 그 가족들에게 설명해야 한다.

이민호 씨의 아버지는 아들과 그 친구들, 그리고 기계 앞에 혼자 서 있다 쓰러진 모든 사람을 대변해서 이렇게 말했다. "학생이잖아요. 실습생이잖아요. 숙련공 직원이랑 같이 일해야죠. 그게 안 되면 2인 1조로라도 일해야 하는 거 아닙니까. 아이 혼자서 그냥 일반 직원과 다름없이 그 위험한 곳에서 일하게 하는 것이 맞습니까(『한겨레』 기사)." 아버지를 따라서 묻는다. 이게 정말 맞습니까? 혼자여도 괜찮습니까? 한 명 더 부탁드립니다.

⁂

우리는 4차 산업혁명이 완성되면 스스로 생각하고 판단해서 인간에게 필요한 일을 하고, 아무리 일해도 지치거나 불평하지 않는 인조인간 로봇이 등장하리라고 상상한다. 인간인지 기계인지 구별하기 어려운 이 인조인간이 인간의 일을 빼앗고 인간을 쓸모없게 만들 것을 우려한다. 그러나 4차 산업혁명의 시대에 실제로 등장하고 있는 것은 사람을 삼켜도 멈출 줄 모르는 무지막지한 기계와 그 기계를 혼자 감당하다가 쓰러지는 젊은이들이다. 인간과 기계의 구분은 그 어느 때보다 선명하다. 아직까지 어떤 로봇도 하지 못하는 일, 즉 기계를 돌보는 일을 실습생과 비정규직 젊은이가 맡아서 하다가 쓰러진다. 우리는 계속해서 젊은이들을 1인 1조로 기계 앞으로 내몰고 있다. 그게 맞는지, 그렇게 해도 괜찮은지를 묻는 이민호 씨 아버지에게 아무도 대답하지 않는 동안 1년이 흘렀고, 태안의 화력발전소에서 스물네 살 김용균 씨가 또 혼자 일하다가 기계에 몸이 끼어 죽었다.

사람대접, '로봇대접'

미국의 SF 작가 아이작 아시모프가 1940년대에 발표한 작품들에서 제시한 '로봇공학 삼원칙'은 다음과 같다. 첫째, 로봇은 인간을 해치거나 인간이 해를 입도록 내버려 두어서는 안 된다. 둘째, 로봇은 첫째 원칙에 위배되지 않는다면 인간이 내리는 명령에 복종해야 한다. 셋째, 로봇은 첫째와 둘째 원칙에 위배되지 않는 범위에서 자신을 보호해야 한다.

이것은 로봇이 인간을 섬기는 하인처럼 일하면서도 그 나름의 자율과 권리를 가지고 존재하기 위해 지켜져야 할 가상의 원칙을 천명한 것이다. 소설이나 영화 속 로봇은 첫째와 둘째 원칙이 충돌하거나 둘째와 셋째 원칙이 충돌하는 상황에서 종종 딜레마에 빠진다. 특히 셋째 원칙은 갈등을 일으키는 계기가 된다. 로봇이 어떻게든 자신의 존재를 지키려 하거나 존재의 의미를 탐구하려는 순간 까다로운 문제가 생겨난다.

태안의 화력발전소에서 설비를 점검하다가 기계에 몸이 빨려 들어가 목숨을 잃은 김용균 씨와 아직 살아남아 그 일을 하고 있는 동료들은 아시모프 소설에 나오는 로봇보다 못한 존재인가. 그들은 마치 기계를 섬기는 하인처럼 일하면서도 아시모프가 로봇에 부여한 만큼의 권리도 얻지 못했다. 김용균 씨처럼 기계를 유지하고 관리하는 메인테이너maintainer들은 로봇과 비슷하게 첫째와 둘째 원칙을 따라 기계를 위해 일한다. 메인테이너들은 절대 기계에 피해를 주지 말아야 하고, 끝없이 돌아가는 기계의 요구에 따라야 한다. 그러나 그들이 자신을 지키기 위해 인용할 수 있는 셋째 원칙은 유명무실하다. 그들은 기계를 지키고 기계에 복종하다가 미처 자신을 보호하지 못하고 기계로 빨려 들어간다. 인간 메인테이너에게는 자신에게 닥친 위험을 알리고 피할 수 있는 자율, 즉 아시모프의 로봇만큼의 자율도 허락되지 않는다.

김용균 씨와 그의 동료들이 스스로를 보호하기 위한 원칙이란 가령 위험한 일을 2인 1조로 하게 하는 것이었다. 한 사람이 기계에 몸이 걸렸을 때 다른 한 사람이 기계를 멈추는 코드를 당길 수 있도록 말이다. 그러나 기계를 소유하고 기계에서 이득을 얻는 사람들은 그런 필요를 인정하지 않았다. 메인테이너가 셋째 원칙에 따라 자기 자신을 보호할 권리를 박탈한 것이다. 메인테이너들은 기계 앞에서 또 기계를 가진 사람 앞에서 아무 말도 못 하는 존재가 되었다. 첫째와 둘째 원칙의 엄중함에 눌려 메인테이너는 셋째 원칙을 입 밖으로 내보지도 못한다. 일 년 전에 역시 혼자 일하다 기계에 끼여 숨진 이민호 씨가 남긴 "한 명 더 부탁드립니다"라는 말은 아직 어디에도 가닿지 못했다.

4차 산업혁명 시대라는데, 젊은이들은 자꾸 1차 산업혁명 때처럼 죽어나간다. '사람 중심 제조 혁신'을 하는 '스마트 공장' 시대가 왔다는데, 공장 안에서 사람이 죽어도 알지를 못한다. 19세기 영국 공장에서 쉴 새 없이 돌아가는 방적기 밑으로 떨어진 실을 줍거나 끊어진 실을 이어 붙이는 일을 하던 아이들처럼, 2018년 한국에서도 젊고 약한 이들이 발전소 컨베이어 벨트 밑으로 몸을 집어넣어 석탄 부스러기를 치운다. 부모들은 영문도 모르는 채 자식을 '살인 병기'에 빼앗긴다(김용균 씨 어머니 김미숙 씨).

다음 김용균을 막으려면 아예 사람이 위험한 일을 할 필요가 없도록 모든 작업을 무인화하면 된다고 생각할 수도 있다. 그러나 기계 옆에서 일하고 먹고 자는 사람들은 그 말이 공허하다는 사실을 알고 있다. 사람 없이 돌아가는 공장은 일론 머스크의 상상이나 평행 우주 속에서나 존재하는 것이다. 다음 김용균을 막으려면 무인화가 아니라 '유인화'가 필요하다. 기계가 필요한 곳에 기계를, 사람이 필요한 곳에 사람을 둘 줄 알아야 한다. 단순히 사람 수를 늘리는 것이 아니라, 사람대접을 해가며 사람을 써야 한다는 뜻이다. 이것이 바로 문재인 정부가 표방했던 '사람 중심 과학기술', '사람 중심의 4차 산업혁명'의 출발점이어야 하지 않는가.

김용균 씨 같은 메인테이너들에게 아시모프의 로봇만큼의 자율과 권리라도 보장하자. 위험한 것을 위험하다고, 망가진 것을 고쳐달라고 소리 내어 말할 수 있도록 하자. 죽을 수도 있는 위험한 곳에는 혼자 들어가지 못하게 하자. 죽음의 위협을 느낄 때에는 기계를 멈출 수 있도록 하자. 메인테이너들에게 사람대접을 못 하겠거든 '로봇대접'이라도 하자.

로봇의 배신

대전 MBC에서 뉴스 자막을 편집하는 사람의 고충에 대해 생각한다. 뉴스에 제목을 붙이고 내용을 요약하는 자막을 다는 일을 한 사람이 하는지 여러 명이 돌아가며 하는지 확인하지 못했지만, 어떤 경우든 어려움이 작지 않으리라 짐작한다. 유튜브에서 '대전 MBC 로봇'을 검색해서 지난 몇 달 동안 나온 뉴스 영상과 자막을 찾아보다가 그렇게 되었다.

자막 편집자는 2020년 11월 9일 충남 홍성의 식당에서 음식을 테이블로 나르는 로봇을 소개하는 기사에 "감염 걱정 덜고 인건비 줄이는 '로봇 종업원'"이라는 제목을 달았다. 영상을 보아서는 어떻게 감염 위험이 줄어든다는 것인지 이해하기 어렵지만, "'AI 로봇 종업원' 등장… 장애물도 자동 회피"라는 자막은 로봇의 가능성을 꽤 높이 평가했다. 게다가 "1번 충전에 16시간 가동… 인건비 대폭 절감"이라는 자막과 함께 종업원이 넷에서 둘로 줄었다는 사장님 인터뷰를 보니 대단한 변화가 있는 듯했다.

'로봇'이라는 단어가 나오지는 않지만 유튜브가 알아서 찾아준 2021년 5월 1일 기사에서도 비슷한 느낌을 받았다. 편집자는 충남 당진에서 '자동직진 이앙기'라는 이름표를 단 기계가 모내기하는 장면에 "자율주행 이앙기 시연"이라고 설명을 달았다. '자동직진'을 '자율주행'이라는 더 거창한 말로 바꿔 부른 것은 "무인 농업 '성큼'… 비용 · 인력 '절감'"이라는 기사 제목과 보조를 맞추기 위해서일 테다. 편집자가 기술 개발자의 주장에 모두 동의하지는 않은 것 같지만, 그래도 상당히 공감하긴 했을 것이다. 자율주행 이앙기를 쓰면 원래 두 사람이 하던 모내기를 한 사람이 할 수 있다는 기자의 설명은 "기계 이앙 작업 대비 인건비 50% 절감"이라고 요약해주었다.

이틀 뒤인 5월 3일 기사에서 자막 편집자는 로봇이 인건비만 줄이는 것이 아니라 우리의 안전도 지켜준다는 점을 강조했다. "'AI 로봇에 맡겨요' 공동구 안전 관리"라는 제목을 달고 나온 기사는 한국전자통신연구원이 개발한 로봇이 통신, 가스, 전력설비가 깔린 지하 공간을 다니면서 화재 위험을 감지할 수 있다는 내용을 담았다. 편집자는 이 시스템이 지하 공동구 공간을 온라인에 구현해 놓고서 위험을 사전에 예측하고 분석할 수 있다는 점에 주목하여 "'디지털 트윈' 기술 적용… 가상공간서 안전 관리"라고 자막을 달았다.

이제 나는 2021년 5월 30일 뉴스를 만들면서 편집자가 느꼈을 당혹감 혹은 배신감을 상상해본다. 그는 2분이 채 되지 않는 주말 사건 사고 뉴스 한 꼭지에 자막을 다섯 개나 달았다. "'화장실 간 동료 돕다' 로봇에 끼어 참변" "로봇설비에 짓눌려 30대 외국인 노동자 숨져" "경찰, 작동 오류 등 여러 가능성 놓고 조사" "노동부, 로봇 설치 공정 전체에 작업중지 명령" "자동차 부품공장서 로봇설비 사망사고 되풀이". 이 편집자가 지난 몇 달 동안 로봇이 있으면 인건비를 절반으로 줄일 수 있고 대형 사고를 막을 수 있다는 자막을 달았던 사람인지는 알지 못한다. 다만 충남 아산에서 전해진 로봇 사고 뉴스를 편집하는 그의 마음이 무척 서늘했다고 미루어 짐작할 뿐이다. 그는 로봇에 대한 약속과 기대를 옮길 때 쓰던 따옴표를 없애고, 즐겨 쓰던 줄임표도 없이, 마치 자막 달기 교과서에 나올 예시처럼 간결하고 건조하게 사실을 정리했다.

로봇은 종종 우리의 기대를 배신하고, 특히 뉴스 자막 편집자를 곤란하게 만든다. 현장을 취재한 기자의 설명에 따르면 로봇은 인간의 인건비나 안전에는 관심이 없는, 그저 무겁고 무서운 기계였다. "A씨는 팔처럼 생긴 로봇설비가 철판을 내려놓은 뒤 용접 등의 작업을 마치면 꺼내는 작업을 맡았는데, 작업이 끝난 철판을 A씨가 꺼내려는 도중에 로봇이 또 다른 철판을 내려놓는 바람에 끼임 사고를 당한 겁니다." 로봇 덕분에 두 사람 일을 한 명이 할 수 있게 된 것이 아니라 둘 중 하나가 화장실 간 사이에 로봇이 몸을 짓눌렀다. 로봇은 위험을 감지하지 못하고 사고에 대응하지도 못했다. 편집자 잘못이 아니지만, 로봇 뉴스 자막은 모순에 빠졌다. 우리에게 로봇이란 무엇일까. '4차 산업혁명 특별시'라는 대전의 한 방송국에서 뉴스를 편집하는 이들은 다음 로봇 뉴스에 어떤 자막을 달아야 할까.

4장

오지 않을 미래

동굴로 간 로켓

2018년 6월 23일에 탐 루앙 동굴에 들어갔다가 실종된 태국 축구팀 소년 열두 명과 코치를 영국에서 온 동굴 구조 전문가들이 발견한 것은 7월 2일이었다. 이제 열세 명을 동굴 밖으로 데리고 나오는 일이 남았다. 동굴은 길었고, 어떤 곳은 한 사람 몸이 통과하기도 쉽지 않을 만큼 좁았다. 잠수를 해서 통과해야 하는 구간이 1킬로미터도 넘었다. 세계 여러 나라에서 동굴 구조 전문가들이 도착했다. 태국 네이비실(해군 특수부대)도 나섰다. 자원봉사자들이 현장에서 사람과 물자를 실어 나르고, 음식을 만들고, 화장실을 청소했다.

구조 방법을 정해야 했다. BBC 보도에 따르면 세 가지

구조 방법이 주로 논의되었다. 우선, 물에 잠긴 구역을 지날 수 있도록 소년들에게 잠수를 가르치는 방법이 있었다. 베테랑 동굴 구조 전문가에게도 어려운 구간을, 새로 잠수를 배운 소년들이 통과하도록 하는 것은 매우 위험한 선택이었다. 두 번째 방법은 동굴의 물을 계속 뽑아내면서 수위가 자연적으로 낮아지기를 기다렸다가 소년들을 빼내는 것이었다. 하지만 최대 넉 달을 기다려야 할지도 모르는 일이었다. 셋째 방법은 소년들이 있는 곳에 이르는 다른 통로를 찾아내거나 직접 뚫고 들어가는 것이었다. 하나같이 어렵고 위험한 계획이었다.

구조 준비가 한창일 때 미국의 전기자동차 회사 테슬라와 우주개발 회사 스페이스엑스 등의 대표인 일론 머스크가 자신이 고안한 장치를 들고 태국으로 갔다. 그의 팀은 우주로켓에 들어가는 부품을 사용해서 소년 한 명이 들어갈 정도 크기의 미니 '잠수함'을 만들었다. 잠수에 익숙하지 않은 소년을 이 잠수함에 태워 밖으로 데리고 나온다는 아이디어였다. 머스크의 로켓-잠수함이 오직 기술의 힘을 빌려서만 갈 수 있는 미래적인 공간(우주)에서 소년들이 맨몸으로 들어가 있는 과거적인 공간(동굴)으로 이동한 셈이다. 머스크의 팬들은 세계에서 가장 유명하고 부유한 엔지니어가 소년들을 구조하기 위해 적극적으로 나섰다는 사실에 감사했다.

그러나 동굴이 있는 지역의 전 주지사로서 구조 작업을 총지휘했던 나롱삭 오솟타나콘은 머스크의 미니 잠수함 아이디어가 "실용적이지 않다"며 거절했다. 나롱삭은 "그들의 장비는 기술적으로 세련된 것이지만, 동굴 속으로 들어가야 하는 우리 임무에는 맞지 않는다"고 말했다. 소년들은 로켓 부품으로 만든 미니 잠수함 대신 구조대가 인간 사슬을 만들어 옮긴 들것에 실려 나왔다. 물속 구간에서는 소년에게 공기를 공급하는 마스크를 씌우고 구조대원 두 사람이 앞뒤에서 지키며 전진했다. BBC 보도에 따르면 소년들이 공포에 떨지 않도록 진정제를 투여한 상태에서 구조 작업을 벌였다고 한다. 모두가 무사히 빠져나온 것은 본격적인 구조 작업에 돌입한 지 3일 만인 7월 10일이었다.

구조 완료 이후 태국 네이비실은 감격에 찬 메시지를 내보냈다. "이것이 기적인지, 과학인지, 그도 아닌 무엇인지 잘 모르겠다." 그것은 분명히 과학이 기적적으로 작동한 사례였다. 다만 로켓 과학이 아니었을 뿐이다. 수십 년 동안 동굴을 탐사하고 분석해온 과학, 소년들의 건강 상태를 고려해서 구조 방법을 결정할 수 있도록 한 의학, 수많은 동굴 구조 작업에서 쌓아온 잠수 지식과 경험, 언제쯤 폭우가 와서 동굴이 물에 잠길지를 예측하는 지역 주민들의 살아 있는 지식과 현대 기상학 지식…… 이 모든 것들이 결합해서 기적인지 과학인지 모를 일이 일어났다.

머스크는 사용되지 못한 자신의 장치가 "미래에 유용해질 경우"를 생각해서 잠수함을 태국 해군에 넘겨주고 떠났다. 타임머신을 타고 나타난 미래의 과학자가 지금은 현실성이 없어 보일지 몰라도 미래에 쓸모가 있을 거라며 자신이 들고 온 신기한 장치를 남겨두고 떠나는 장면 같았다. 구조 작업 전체에 걸쳐 중요한 역할을 한 동굴 전문가는 머스크의 제안이 "홍보성 곡예"였다고 비판했다. 머스크의 장치는 언론의 조명을 받기에 좋았을 뿐 동굴에서 사용할 수 없는 것이었다고 했다. 머스크는 그 동굴 전문가를 "소아성애자"라고 칭한 트윗을 올렸다가 곧 삭제했다. 머스크는 또 자신의 잠수함 제안을 거절한 나롱삭 전 주지사가 "이 분야의 전문가가 아니다"라고도 트위터에 썼다. 나롱삭은 구조 작업 전체를 침착하게 잘 지휘했다는 평가를 받고 있다. 머스크의 오만과 무례에 대한 비판과 그의 능력과 선의에 대한 칭찬이 엇갈리고 있다.

기술사회학자 제이넵 투펙치는 『뉴욕타임즈』에 기고한 칼럼에서 머스크와 실리콘밸리가 태국 동굴 구조 경험에서 교훈을 얻어야 한다고 주장했다. 한 기술 분야에서 성공하고 억만장자가 되었다고 해서, 그 경험을 다른 분야로 쉽게 옮겨서 세상의 모든 문제들을 해결할 수 있다고 낙관하지 말라는 뜻이다. 투펙치는 머스크가 보여준 과도한 자신감과 다른 분야의 전문성에 대한 무시가 실리콘밸리 기업들이 복잡한 정치·경제·사회 문제들을 알고리즘으로 해결하려고 시도할 때 보이는 태도와 비슷하다고 지적했다. 구조 작업을 도우려던 머스크의 선의는 의심할 여지가 없지만, 다른 사람들이 오랜 시간 현장에서 일하며 쌓아온 전문성과 경험을 무시한다면 이는 결국 쓸 곳 없는 로켓-잠수함을 동굴 입구에 두고 떠나는 결과를 낳을 뿐이다.

머스크의 미니 잠수함 소동은 기술의 미래성에 대한 은유로 읽을 수 있다. 머스크와 그의 동료들이 내놓는 멋진 미래 기술을 사용할 수 있는 날이 언젠가 오기는 올 것이다. 하지만 그때까지는 많은 경우 그것은 '사용할 수 없는 미래'로 남기 마련이다. 미래를 사용할 수 있게 되려면 현재 동굴이 어떻게 생겼고 통로는 얼마나 좁은지, 우기는 언제인지, 동굴을 가장 잘 아는 사람은 누구이며 작업을 잘 뒷받침할 수 있는 조직과 제도는 무엇인지를 먼저 알아야 한다. 즉, 현재의 지식, 제도, 사람과 함께 일하는 방법을 찾아야 한다. 바로 그때 비현실적인 마법처럼 보이던 미래가 현실이 된다.

다사다난했던 2045년

2045년은 이제 과거가 된 미래다. 많은 사람이 2005년에, 또 2015년에 2045년을 다 보아버렸기 때문이다. 변할 수 있는 모든 것이 다 변한 2045년은 다사다난했던 한 해로 기억될 것이다. 가장 극적인 미래를 상징했던 2045년은 이제 낡아 보이기까지 한다. 2045년이 고생이 많았다.

2045년을 인간 진화의 역사를 통틀어 중요한 의미가 있는 해로 선점한 사람은 엔지니어이자 미래 전문가인 레이 커즈와일이다. 2005년 출판한 책 『특이점이 온다』(김영사, 2007)에서 커즈와일은 40년 후를 내다보았다. "이때야말로 진정 심오한 변화의 시기다. 그래서 나는 2045년을 특이점

singularity의 시기로 예상한다." 커즈와일이 말하는 특이점이란 "기술 변화의 속도가 매우 빨라지고 그 영향이 매우 깊어서 인간의 생활이 되돌릴 수 없도록 변화되는 시기"다. 한국어판 부제를 빌리자면 "기술이 인간을 초월하는 순간"이다. 커즈와일은 유전공학, 나노기술, 로봇공학의 힘으로 도달할 특이점에서 인간과 생명이 새롭게 정의될 것으로 생각한다. "특이점을 통해 우리는 생물학적 몸과 뇌의 한계를 극복할 수 있을 것이다. 우리는 운명을 지배할 수 있는 힘을 얻게 될 것이다. 죽음도 제어할 수 있게 될 것이다. 원하는 만큼 살 수 있을 것이다." 커즈와일의 말은 기술적 예측인 동시에 종교적 예언처럼 들린다. 커즈와일은 "사실상 모든 의학적 사망 원인을 극복할 수 있다"는 과학의 복음을 전파한다. 믿는 자는 2045년의 구원을 기다리며 깨어 있어야 한다.

많은 한국인은 2015년에 2045년을 맞이했다. 커즈와일보다 10년 늦은 셈이지만, 커즈와일보다 더 열렬히 2045년을 전망하고 기다렸다. 2015년의 한국에서 바라본 2045년은 특이점의 해이자 광복 100년이 되는 해였다. 즉, 2045년은 2015년에 사용하기 딱 좋은 미래였다. 미래창조과학부와 광복70년 기념사업추진위원회가 공동으로 주최한 전국 순회 토론회 '미래세대 열린광장 2045'가 이를 상징적으로 보여준다. 정부, 언론, 학계가 모두 2045년을 말하느라 바빴다.

한국인터넷진흥원이 펴낸 보고서 『2045 미래사회@인터넷』은 인터넷과 정보통신기술이 바꿔놓을 30년 후 세상을 전망했다. '평균수명 120세 시대'를 예측한 것은 커즈와일과 비교하면 조심스러워 보인다. 2025년 100세 시대를 거쳐 2045년 120세 시대로 가는 데에는 나노로봇 수술, 인공장기, 기억 이식 등 의료 및 정보통신 기술이 핵심적 역할을 하는 것으로 되어 있다. 이 기술들을 설명하는 그림을 모두 〈이너스페이스〉 〈아일랜드〉 〈토털 리콜〉 등의 영화 장면에서 따왔다는 사실도 흥미롭다. 보고서가 전망한 2045년의 통일 한국에도 각종 스마트 기술은 중요하다. 가령 "레스토랑에서 서빙을 하는 로봇이나 마트에서 안내를 하는 서비스 로봇은 남북한의 직원과 고객 간에 언어 차이 및 문화충격으로 인한 갈등을 줄이는 역할도 한다"는 식이다.

서울연구원이 발간한 '2045 서울미래보고서' 2권인 『미래기술과 미래서울』(서울연구원, 2016)은 인공지능과 로봇에 초점을 맞췄다. 보고서가 제시한 2045년의 시나리오 네 가지는 '로봇 사회', '증강인간 사회', '아바타 사회', '큰 변화 없음'으로 요약된다. 로봇의 발달 정도와 양상에 따라 사회의 유형이 달라진다고 본 것이다. 『신동아』 2015년 11월호에도 2045년 미래사회 시나리오 네 가지를 다룬 기사가 실렸다. "경제와 과학 강국, 통일, 다문화, 작은 정부, 메가시티", "느림, 여유자본, 제로성장, 놀이, 지역자치", "보존, 쇄신, 생존 에너지, 자연과 균형, 정부 통제, 안전사회", "포스트 휴먼, 인공자연, 화성 인류, 무한 풍부, 새로운 소외" 등이 네 가지 미래의 키워드들이었다. 2045년은 골라 먹는 재미가 있는 미래였다.

2015년이 끝나면서 2045년도 그 매력을 조금 잃었을지 모른다. 하지만 2016년에는 2046년이 있었다. 『경향신문』은 2016년 10월 초 창간 70주년 기획으로 「2046년 10월 6일 '소설가 구보씨'의 하루」를 실었다. 1990년생 구보씨가 사는 2046년은 여러 보고서가 전망했던 2045년의 모습과는 매우 달랐다. 자율주행 트램이 다니긴 하지만 젊은이와 아기가 줄어든 사회는 정체되어 있었다. "생산가능인구가 줄면서 생산과 소비가 줄었고, 경제는 활력을 잃었다. 경제성장률이 1퍼센트 대 이하로 떨어진 지 벌써 몇 해째다." 『경향신문』의 우울한 2046년이 마음에 들지 않는 사람들은 2017년 초에 소프트뱅크 손정의 회장이 전망했다는 2047년 무렵의 특이점, 이른바 초지능의 시대를 기대해봐도 좋겠다. 어쨌든 미래는 30년 후가 가장 그럴듯하다.

2045년의 인류 일정표는 오래전에 다 채워졌고, 2046년, 2047년까지 한 번씩 훑고 지나가는 분위기에서 또 미래를 얘기하려면 어느 해를 잡아야 할까. 2017년 8월 말에 열리는 카오스재단의 과학 강연 행사에는 '2043 과학자 5인이 쓰는 미래 보고서'라는 부제가 달렸다. 뜬금없는 2043년이 오히려 재치 있어 보인다. 남아 있는 미래 연도 중 하나를 골라잡았는지도 모르지만, 그러는 중에 2040년대 후반의 미래에 대한 예측이 이미 포화 상태임이 드러났다.

연도보다 더 흥미로운 것은 과학자들이 강연을 하면서 미래 보고서를 쓴다는 설정이다. 국내외를 가리지 않고 과학자는 각종 미래 보고서의 인기 필자가 되었다. 즉, 과학은 미래를 예측하고, 미래를 약속하고, 미래를 만드는 우월한 지위를 얻었다. 과학이 미래를 거의 독점하고 있는 셈이다.

과학자가 쓰는 미래 보고서 내용이 적중하든 못하든, 이 보고서들은 이미 우리가 살 2045년에 영향을 미치고 있다. 미래는 여럿이 말하는 대로 흘러가기도 하기 때문이다. 과학이 말하지 않는 미래에 대한 보고서는 누가 쓸 것인가.

⁂

코로나19 팬데믹을 2년째 겪고 있는 우리에게 2015년에 전망했던 2045년들은 어떤 의미가 있을까. 2045년쯤 되면 “사실상 모든 의학적 사망 원인을 극복할 수 있다”라는 커즈와일의 예언은 순진한 희망일 뿐이었다. 로봇과 인공지능 등 첨단기술을 통해 우리 삶이 획기적으로 증진되리라는 전망도 지금 시점에서 얼마나 믿어야 할지 모르겠다. 몇몇 기술적 장치들로 얻을 수 있는 생활의 편리함을 압도하는 것은 더 거대한 위기에 대한 전망이다. 미세먼지로 가득찬 대기, 수시로 창궐하는 전 지구적 감염병, 매년 기록을 갱신하며 더워지는 지구. 이런 조건들이 2045년의 실제 모습을 좌우하게 될 가능성이 점점 커지고 있다. 2015년에 나온 미래보고서들을 대폭 고쳐 써야 할 때가 되었다. 아마도 2025년에는 2050년에 대한 미래 전망 보고서가 쏟아져 나올 것이다. 그때쯤 미래를 대하는 우리의 태도는 얼마나 성숙해져 있을까. 2015년에 유행했던 미래 레퍼토리가 반복되지 않기를 바란다.

11991년에 보내는 인류의 경고

"이 아래로는 집을 짓지 말라." 2011년에 동일본 지역이 지진에 이은 쓰나미로 큰 피해를 입었을 때, 언론은 아네요시 마을의 돌판에 새겨진 오래된 경고문에 주목했다. 쓰나미를 겪은 선조들이 남긴 경고를 잊지 않은 덕에 많은 사람이 생명을 건질 수 있었다는 얘기였다. 물론 모든 사람들이 과거에서 보내온 메시지를 기억하지는 못했다. 비슷한 경고를 하는 돌판은 많이 있었지만, 후손들은 현대 기술을 믿은 나머지 경고에 무감각해졌거나 지역 개발을 위해 경고를 무시했다. 망각에 걸리는 시간은 불과 백 년에서 수백 년 정도였다.

백 년이 아니라 만 년 후의 사람들에게 경고를 보내려면 어떻게 해야 할까? 미래 인류의 모든 호기심과 오해와 욕심을 누를 만큼 강한 공포를 느끼도록 해야 한다면? 지진에도 쓰나미에도 꿋꿋이 자리를 지키는 돌판으로는 충분치 않을 것이다.

1990년대 초 미국 에너지부는 물리학자, 지질학자, 심리학자, 언어학자, 미래학자, SF 작가, 예술가, 건축가들을 모아놓고 바로 이런 요청을 했다. 미래로 보내야 할 메시지는 "이 땅을 파지 말라"라는 것이었다. 그 땅에는 방사성폐기물이 묻힐 예정이었다. 방사성폐기물 격리 시범시설이 1만 년 동안 견뎌야 하는 위협에는 지진이나 홍수 같은 자연현상만이 아니라 여기에 무엇이 묻혀 있는지 알지 못하는 인간의 침입도 있다. 1만 년 동안 사라지지 않을 경고 표지는 어떤 재질과 형태여야 할까? 1만 년 후에도 오해의 여지없이 정확하게 의미를 전달할 수 있는 표지는 어떻게 디자인해야 할까?

과학사학자 피터 갤리슨과 영화감독 롭 모스가 함께 만든 다큐멘터리 영화 〈컨테인먼트Containment〉(봉쇄)는 미국 에너지부의 프로젝트에 참여했던 사람들을 인터뷰해서 방사성폐기물이 제기하는 기술적이고 역사적이고 문화적인 딜레마를 추적한다. 다큐멘터리는 방사성폐기물 위험 표지라는 간단명료한 장치 하나가 어떻게 인류 문명에 대한 총체적인 성찰로 이어져야 하는가를 담담하게, 그리고 섬뜩하게 보여준다.

이 프로젝트에 참여한 전문가들은 30년, 100년이 아닌 1만 년짜리 미래 예측 과제를 떠맡은 셈이었다. 이것은 최고 난이도의 미래학이다. 가장 근본적인 문제는 1만 년 후의 인간이 어떤 존재일지, 만약 그때도 사회란 것이 있다면 그들이 어떤 사회에 살고 있을지 알 수 없다는 것이다. 지금 우리가 쓰는 언어가 1만 년 후에도 남아 있을까? 아마 아닐 것이다. 지금 우리가 위험과 공포의 상징으로 사용하는 기호가 1만 년 후에도 같은 의미를 가질까? 알 수 없다. 저장 시설이 자리 잡은 지역은 1만 년 후에도 지금처럼 인적이 뜸한 곳일까? 역시 알 수 없다.

전문가들은 온갖 지식과 상상력을 동원해서 미래의 인간들이 이 부지를 파헤치게 되는 시나리오를 작성했다. 2991년쯤에는 인류 전체가 문맹 상태에 빠질지도 모른다. 그러면 문자 표지판은 소용이 없다. 비슷한 시기에 휴스턴에서 로스앤젤레스까지 지하 터널을 뚫어서 기차가 다니는 시나리오도 만들었다. 그렇게 되면 터널을 파다가 저장 시설에 구멍을 낼 우려가 있다. 11991년에는 우주로 나갔던 인간 전사들이 로켓을 타고 지구로 돌아오다가 이곳을 파괴할지 모른다는 상상도 했다. 더 간단하게는 20세기 인류가 이집트 피라미드에 도굴하러 들어갔듯이 폐기물 저장소에 뭔가 특별한 것이 있다고 느낀 미래의 인간들이 삽을 들고 땅을 팔 것이라는 예측도 있었다. 로봇이 근처에서 작업을 하다가 바이러스에 걸려 더이상 인간의 명령을 듣지 않고 큰 사고를 칠지도 모른다.

어떤 생각과 행동을 하는 존재인지 감을 잡을 수 없는 대상과 어떻게 소통할 것인가? 〈컨테인먼트〉는 방사성폐기물 경고 표지를 디자인하는 전문가들이 맞닥뜨린 과제가 외계 지적 생명체 탐사에 나선 과학자들이 했던 일과 비슷하다는 사실을 보여준다. 1977년 보이저호에 실어 우주로 보낸 레코드에는 인간과 지구의 사진, 지구의 소리, 인간의 음악이 담겨 있었다. 에너지부가 의뢰한 전문가들도 이처럼 우리와 전혀 다른 존재에게 보내는 강렬하고 효과적인 메시지를 만들어내야 했다.

긍정적으로 생각하자면 이 두 가지 모두 인간의 존재를 확장하는 대단한 일이었다. 경고 표지 디자인에 참여한 한 건축가가 인터뷰에서 말한 것처럼, 보이저호에 담긴 메시지를 통해 인류는 머나먼 공간을 향해 손을 내밀었고, 방사성 폐기물 경고 표지를 통해서는 머나먼 시간을 향해 말을 건네는 것이었다. 우리가 1만 년 후의 미래 세대에게 책임감을 느끼고 있다는 증거가 될 수도 있다. "여기 우리에게 끔찍한 것이 있는데, 오랫동안 끔찍한 채로 있을 것이다. 당신들이 그걸 알았으면 한다." 2002년에 사망한 그 건축가는 인터뷰 영상에서 비장하게 덧붙였다. "우리에게 중요했던 것은 바로 당신이다. 1만 년 떨어져 있는 당신."

〈컨테인먼트는〉는 이런 감동적인 교훈으로 끝나지 않는다. 외계 지적 생명체 탐사와 방사성폐기물 격리 시범시설 사이에는 중요한 차이가 있기 때문이다. 외계의 생명체에게 메시지를 보내면서 인류는 가장 자랑스러운 모습, 가장 아름다운 모습을 담으려 했다. 반면 방사성폐기물 경고판이 가리키는 대상은 인류가 가장 감추고 싶고, 감추어야 하는 모습이다. "우리의 근시안, 우리의 행동의 결과를 제대로 고려하지 못하는 무능함"이 그 경고판에 새겨져 있는 것이다. 오늘날 우리에게 있는 최선의 지식과 최고의 전문가를 동원하여 미래세대에게 가장 절실하게 남겨야 하는 메시지가 방사성폐기물에 대한 경고라는 사실은 그다지 감동적이지 않다. 그렇다고 해서 미래 인류의 실수와 오해로부터 방사성폐기물을 지키는 일을 무시하거나 소홀히 할 수는 없다. 이것은 앞으로 적어도 1만 년 동안 인류가 놓치지 말아야 할 과제다.

지성과 지혜와 성의를 모아야 하는 미래에 대한 의무다.

⁂

방사성폐기물 저장 시설 침투 가능성에 대한 미국 에너지부 프로젝트 보고서는 1991년을 기준으로 100년 후, 1,000년 후, 1만 년 후의 세상에 대한 시나리오를 여러 개씩 담고 있다. 보고서가 나오고 30년 가까이 흐른 지금 이 시나리오들을 들춰보면, 우리가 참고할 만한 미래 예측이라기보다는 1991년 당시 사람들의 세계 인식을 보여주는 역사적 자료에 더 가까워 보인다. 2091년의 사람들이 폐기물 저장 시설에 뜻하지 않게 침투하게 되는 시나리오 중 하나는 '2091년, 페미니스트 세상'이라는 제목을 달고 있다. 그 시나리오의 요약문을 옮기면 이렇다. "여성이 사회를 지배한다. 여자아이를 낳으려는 선택을 통해 수적으로도 지배하고 사회적으로도 지배한다. 또한 극단적인 페미니즘 가치와 관점이 우세하다. 20세기의 과학은 어리석은 남성적 공격성을 띤 인식론적 오만이었다는 오명을 얻었다. '페미니스트 대안 칼륨 회사'는 방사성폐기물 격리 시범시설 지역을 파 들어가기 시작했다. 작업자들이 (경고) 표식을 보았지만, 그들은 그 경고를 열등하고, 부적절하고, 엉망진창인 남성적 사고의 또 하나의 예라고 무시했다. 그들은 저장 시설을 뚫고 들어갔고, 방사성핵종이 유출되었다."

2093년, 인류의 몰락

미래 예측은 밝아야 한다. 불행한 미래를 미리 듣고 싶어하는 사람은 많지 않기 때문이다. 각종 미래 예측 보고서에서 종종 보이는 과도한 긍정성도 이렇게 보면 납득이 간다. 밝고 희망적인 미래를 제시하고 설득해야 사람들을 움직일 수 있으니까.

역사학자가 미래를 예측하기를 꺼리는 것은 그가 밝고 희망적인 얘기를 하는 일에 익숙하지 않기 때문이기도 하다. 역사학자들은 반복되는 불행을 설명하고 성급한 희망을 품지 않도록 주의하는 일에 더 익숙하다. 그래서 역사학자가 미래를 말하겠다고 나선다면 우리는 그 미래가 항상 밝지는 않으리라고 짐작할 수 있다. 문제는 과연 독자가 이 불행한 미래를 끝까지 참고 읽겠느냐 하는 것이다. 역사학자가 불행한 미래를 말하려면 세심한 전략이 필요하다.

기후변화로 인한 불행한 미래를 알리려고 나선 과학사학자인 나오미 오레스케스와 에릭 콘웨이는 『다가올 역사, 서양 문명의 몰락』(갈라파고스, 2016)이라는 책에서 과학과 픽션을 활용하여 미래를 역사로 변환했다. 2393년의 역사가가 등장해서 20세기와 21세기에 일어난 일들을 서술하는 식이다. 역사학자가 섣부르게 미래를 예측한다는 비판을 피하는 동시에, 지금 하지 않으면 안 되는 얘기를 풀어놓기 위해 먼 미래에 사는 역사가의 입을 빌린 것이다.

현재의 지식을 다 끌어모은 다음 2393년이라는 안전한 발언 시점을 찾아간 역사가는 우리의 현재와 미래에서 서양 문명의 몰락을 가져온 제2의 암흑기, 혹은 반半암흑기를 발견한다. 이 반암흑기는 1988년부터 2093년까지였다. 2017년의 서구 사회는 반암흑기의 긴장이 고조되고 문제가 심화되는 지점에 있는 셈이다. 최근 겪은 폭염이나 허리케인도 그런 과정의 일부로 볼 수 있다.

2393년의 역사가가 담담하게 서술하는 21세기 중반의 일들은 섬뜩하다.

> 2040년에는 혹서와 가뭄이 더이상 이변이 아니었다. 식수와 식량을 배급하고 맬서스주의에 따라 아이를 하나만 낳도록 하는 인구 정책을 실시하는 등 통제 조치가 취해졌다. [……] 그러다가 2041년 여름 북반구에 전례 없는 폭염이 닥쳐 지구를 달구고 곡물을 말려 죽였다. 사람들은 공포에 휩싸였고 거의 모든 도시에서 식량을 요구하는 폭동이 일어났다. [……] 2050년대에 들어서자 사회 질서가 무너지고 정부가 전복되었다. [……] 2060년 여름이 되자 북극지방의 만년설이 사라졌다. 수십 종의 생물이 멸종했다. 21세기의 도도새와 같은 상징이었던 북극곰도 사라졌다.

2073~2093년에는 대붕괴와 대이동이 있었다. 남극과 그린란드의 빙하가 붕괴하면서 해수면이 급격하게 상승했다. 빙하와 함께 사회도 붕괴했다. 해수면 상승의 영향으로 15억 명가량이 이동해야 했고, 인구 이동과 함께 중세의 흑사병에 버금가는 2차 흑사병이 퍼졌다. 네덜란드와 뉴욕과 플로리다는 물에 잠겼고, 호주와 아프리카에는 사람이 살지 않게 되었고, 제2중화인민공화국이라는 새로운 국가가 등장했다. 인간은 멸종하지 않았지만 전혀 다른 세상에서 살게 되

었다.

2093년의 몰락은 인류의 뒤통수를 치듯이 오지 않았다. 두 눈을 똑바로 뜨고 있는 상황에서 보란 듯이 벌어졌다. 미래의 역사가는 자랑인지 조롱인지 모를 평가를 내린다. "서양 문명은 스스로 종말을 예측할 능력이 있었을 뿐 아니라 실제로 예측했다는 점에서 이전의 문명과는 다르다." 안타깝게도 미래를 예측하는 지식과 기술은 미래 세계의 몰락을 막아주지 못했다. "사실 가장 놀라운 점은 이들의 지식이 무척 방대했다는 점, 그런데도 지식에 따라 행동할 수 없었다는 점이다. 아는 것이 힘이 되지 않았던 것이다."

미래의 역사가가 우리의 시대를 반암흑기라고 부르는 것은 이 모든 변화의 핵심에 지식의 문제, 특히 "아는 것이 힘이 되지 않았던 것"의 문제가 있기 때문이다. 2393년의 관점에서 반암흑기는 이렇게 정의된다. "계몽을 이루었다는 서양의 기술과학 국가들에 20세기 후반부에 드리운 반지성주의의 그림자. 이 때문에 과학적 지식에 따라 행동하지 못했고 21세기 후반과 22세기에 침수와 사막화라는 재앙을 초래했다." 반암흑기의 시작을 1988년으로 보는 것은 그해에 '기후변화에 관한 정부 간 패널IPCC'이 설립되었기 때문이다. 즉, 1988년은 닥칠 일을 알면서도 움직이지 않는 문제가 시작된 해였다.

미래의 역사가는 21세기의 인류가 많이 알면서도 행동하지 못했던 이유를 설명하려 노력한다. 우선 과학자들이 각자의 영역에서 깊은 지식을 쌓았지만, 전문 분야들을 넘나들며 종합적인 그림을 그리고 이를 효과적으로 전달하는 일은 무척 어려웠다. 또 지식을 만드는 사람들이 행동과 정책을 바꿀 힘을 가지지 못했고, 화석연료를 더 많이 사용할수록 이득을 보는 '탄소연소 복합체'에 정치적 · 경제적 권력이 있었다. 무엇보다 '시장근본주의'라는 이데올로기 체계가 기후변화에 대한 과학을 배척하는 데에 영향을 미쳤다. "환경 연구를 통해 인류와 자연환경을 보호하려면 정부가 행동에 나서야 한다는 사실이 드러나자, 탄소연소 복합체에서는 과학을 어떤 수단을 동원해서라도 싸워야 할 적으로 취급했다"는 것이다.

굳이 2393년으로 가서 돌아보지 않아도 우리의 미래는 과학 지식을 둘러싼 갈등으로 가득하다. 미래를 예측하는 지식이 있어도 그에 따라 미래를 바꾸려는 시도는 새로운 미래를 반대하는 강력한 힘에 가로막히기 일쑤다. 어떤 과학은 미래과학으로 칭송받지만, 어떤 과학은 미래를 논할 자격도 얻지 못한다. 2093년의 대붕괴 같은 불행한 미래 얘기는 멋진 미래에 대한 선전에 가려 잘 들리지 않는다. 2030년에는 인공지능이 우리 생활을 확 바꾸어놓고, 2045년에는 우리 몸의 한계를 넘어 죽음도 통제하는 특이점이 오리라는 얘기들 속에서, 2093년의 몰락은 어떻게 이해해야 할까? 불행한 미래 이야기는 인기가 없지만, 그렇다고 무시하면 곤란하다.

인공지능과 인공지구

2018년 여름 네 차례에 걸쳐 연재된 『경향신문』 '생태계가 바뀐다' 기획의 마지막 기사는 「2050년의 기상예보」였다. 이 기사는 최고기온이 40도가 넘는 폭염이 이어지고, 아열대지방처럼 예측 못 할 비가 쏟아지기도 하며, 따뜻해진 바닷물 대신 인공 동굴에 들어가는 것으로 피서를 하고, 스키를 타려면 해외로 나가야 하는 2050년의 기후 풍경을 보여주었다. 지난 여름의 폭염을 겪은 사람이라면 고개가 끄덕여지는 미래였다.

공상이 아니라 현실로 다가올 법한 미래의 날씨를 제시했다는 이 기사에는 각종 미래 예측에 그동안 단골로 등장하던 인공지능 기술이 별로 보이지 않는다. 홀로그램 기술을 사용하는 인공지능 기상 캐스터가 폭염 소식을 전하고, 손목에 찬 스마트칩에서 요즘의 재난문자 비슷한 메시지를 가상 영상으로 띄우는 게 전부다. 오히려 에어컨 대신 '패시브 쿨링 컨디셔너'를 사용해서 만드는 '마이크로 기후'가 미래의 첨단기술처럼 들린다. 2050년쯤이면 세상을 놀랍도록 멋지고 편한 곳으로 만들어준다던 인공지능은 뜨거운 공기로 가득 찬 세상에서 제 역할을 부여받지 못했다.

한두 차례 폭염을 겪었다고 해서 우리가 미래를 상상하는 방식이 곧바로 바뀌지는 않을 것이다. 그래도 각종 인공지능에만 의존하지 않으면서 30여 년 후 미래를 예측하게 된 것은 의미 있는 변화라고 할 수 있다. 인공지능을 대신하여 미래 예측의 중심에 등장한 것은 폭염에 시달리는 '인공지구'다. 인공지구는 인간이 만든 지구, 더 정확하게 말하자면 인간이 망친 지구를 뜻한다. 인간이 지구를 만든 것이 아니라 애초에 지구가 인간을 만들었다고 해야겠지만, 지금 지구의 모습에 인간의 발자국이 너무 크고 깊게 남아 있기에 "인간이 지구를 새로 만들고 있다"는 말이 어색하지 않게 되었다. 긴 지구의 역사에서 처음으로 '인간의 시대', 즉 '인류세人類世, Anthropocene'가 시작되었다고 할 만하다. 인공지구란 바로 그 인간의 시대를 통과하고 있는 지구의 처지를 일컫는다.

인공지능과 인공지구 모두 인간의 활동으로 말미암아 생겨나거나 변모한 존재들이지만 우리는 양쪽과 사뭇 다른 관계를 설정하고 있다. 우리는 스스로 만든 인공지능을 보면서 경이와 두려움을 고백하는 데 익숙하지만, 인공지구에 대해서는 이것이 우리 손으로 빚어낸 결과임을 쉽게 인정하지 않으려 한다. 인공지능은 막 성장을 시작하고 있을 뿐이지만, 우리는 먼 훗날 이것이 불러올 변화를 상상하면서 한껏 들뜬다. 반면 언제 어떻게 될지 모르는 불안한 상태인 인공지구에 대해서 우리는 여전히 무심하다. 많은 사람이 인공지능을 향해 달려들면서 인공지구로부터는 도망치고 있다. 일론 머스크 같은 사람은 우리가 만든 지능이 어떤 파국을 불러올지 모른다면서 우리가 망친 지구를 버리고 화성으로 옮겨 가자고 한다.

인공지능과 인공지구에 대한 관심과 행동의 심각한 불균형은 학계와 정부 모두에서 발견할 수 있다. 세상 모든 변화의 중심에 인공지능이 있다는 생각은 식상할 정도로 널리 퍼져 있다. 가령 유발 하라리가 쓰는 '사피엔스'의 역사와 미래 서사는 인공지능과 생명공학에 특별한 지위를 부여한다.

근대 기술을 통해 자기 외부의 세계를 정복한 호모 사피엔스에게 남은 목표는 자기 자신의 영생과 행복이며, 그 새로운 탐구 혹은 정복의 핵심에 인공지능이 있다. 인간은 인공지능을 거울처럼 손에 들고 호모 사피엔스를 넘어 호모 데우스('신이 된 인간')로 향한다. 하라리도 '생태학적 위기'를 말하기는 하지만, 그의 역사에서는 인공지능이 인공지구보다 더 중요한 자리를 차지한다.

산업 성장 동력으로 이어질 수 있는 '인공'에만 관심을 기울이는 정부의 정책도 인공지구가 아니라 인공지능을 향한다. 인공지능은 돈이 되고 인공지구는 돈이 되지 않는다. 4차 산업혁명의 핵심인 인공지능 앞에서 인공지구는 무색해지고 만다. 그래서 인공지구는 쉽게 정책의 영역으로 들어가지 못하고, 어떻게든 산업으로 만들어야 겨우 관심을 받는다. 예를 들어, 인공지구의 한 현상인 미세먼지 문제가 심각해지자 '공기산업'이라는 참신한 개념과 분야가 주목받기 시작했다. 공기산업은 새 제품을 내놓고 각종 자격증을 취득한 전문가를 양성하게 될 것이다. 이런 시각과 대책은 인공지구를 인공지능과 비슷한 방식, 즉 새로운 경제적 기회로 대하고 있고, 따라서 인공지구의 근본적 문제들을 직시하지 못한다.

인간은 인공지능에 의해 구원받거나 멸망하지 않을 것

이다. 인공지능으로 영생을 얻거나, 인공지능을 통해 호모 사피엔스를 넘어선 존재가 되어 다른 행성으로 도망치는 일은 불가능하다. 인공지능이 스스로 인간을 공격하고 정복하려 드는 일도 일어나지 않을 것이다. 우리는 결국 인공지구에서 먹지 못하고 숨 쉬지 못하게 되어 사라질 것이다. 폭염 끝에서 우리는 호모 사피엔스의 운명이 인공지능이 아니라 인공지구에 달렸다는 것을 비로소 깨닫는다. 자기 몸 주위에 스마트하게 '마이크로 기후'를 만들어 버틴다고 해도 인공지구의 힘 앞에서는 무력할 것이다.

만능 해결사 같은 인공지능에 한계를 부여하는 것이 인공지구다. 인공지능의 가능성도 인공지구의 관점에서 생각할 때 더 현실적으로 구현될 수 있다. 2100년에도 인간은 인공지능과 결합해서 신이 되지 못한 채, 여전히 인공지구의 땅과 대기 속에서 발버둥치고 살면서 이런저런 일에서 인공지능의 도움을 받게 될 것이다. 인류세의 인간은 인간이 만든 지능과 인간이 만든 지구라는 조건 사이에서 살게 되었다.

인공지능과 인공지구를 함께 고민하는 작업은 그동안 인공지능으로 가득 차 있던 미래 예측과 미래 정책에 인공지구를 더 많이 등장시키는 것에서 시작할 수 있다. 인공지능에 대해서 이야기할 때마다 인공지구에 대해서도 이야기한다면, 우리는 지금보다 더 현실적인 미래를 그릴 수 있을 것이다. 다음 폭염과 다음 미세먼지가 올 때까지 인공지구는 잊고 다시 인공지능에 몰두할 가능성이 더 크기는 하겠지만.

콘크리트 앞에서

과학 논문을 읽으면서 성찰의 시간을 가지는 일은 흔치 않다. 연구 결과를 두고 신약, 신물질, 신제품 개발 가능성과 그 경제적 효과를 논하는 경우는 많지만, 우리는 누구이고 어디로 가고 있는지를 묻는 장면은 왠지 어색하다. 하지만 가끔은 우리가 어디에 서 있는지, 무엇을 해야 하는지 묻는 것 같은 과학 논문도 나온다. 연말이라 그런 느낌이 더 드는지도 모르겠다.

과학 학술지 『네이처』 2020년 12월 17일치에 그런 논문이 한 편 실렸다. 이스라엘의 바이츠만(와이즈만) 연구소 소속 저자들은 인간이 지금까지 지구상에서 만들어낸 것의 총 질량이 지구상에 존재하는 생물의 총 질량을 넘어섰다고 추정했다. 20세기 초부터 지금까지 전체 생물의 질량에 큰 변화가 없었던 반면 인공물의 질량은 급격하게 증가한 결과라고 한다. 연구진은 인공물의 질량이 20년마다 두 배로 늘어났으며, 2020년 무렵에 두 가지 질량을 나타내는 그래프가 교차하고 있다고 결론지었다. 우리는 인간이 만든 것의 질량이 자연이 만든 것의 질량을 넘어선다는 사실에 어떤 의미를 부여할 수 있을까. 이 세계에서 인공이 자연을 초월하는 일종의 특이점이 도래했다고 보아야 할까. 이런 현상을 초래한 인간이란 도대체 무엇이며 인간은 무엇을 만들어온 것일까.

연구진이 제시한 인공물의 여섯 가지 범주는 단순하고 뻔한 것들이다. 콘크리트, 골재, 벽돌, 아스팔트, 금속, 기타(목재, 유리, 플라스틱). 그러니까 인공물이란 대체로 도로, 건물, 공장처럼 인간이 모여서 먹고사느라 지어놓은 구조물을 이루는 것들이다. 도로를 깔고, 건물을 올리고, 공장을 세워서 기계를 들여놓기를 100년 넘게 계속하다 보니 인간은 이제 자연이 아니라 스스로 만든 인공물에 둘러싸이게 되었다. 연구진은 지구상의 모든 인간이 매주 자기 몸무게만큼의 인공물이 생겨나는 것을 목격하는 셈이라고 말한다. 인공물은 거대한 자연 속에서 생존을 도모하기 위한 작은 피난처 정도가 아니라, 그 자체로 인간의 삶을 규정하는 하나의 세계가 되었다.

아마도 연구진은 인공물과 생물의 질량이 교차하는 그래프를 통해 인류와 지구의 운명에 대한 성찰을 기대했을 것이다. 하지만 2020년 한국에서 콘크리트, 골재, 벽돌, 아스팔트, 금속 같은 인공물의 목록은 인간 집단 전체의 운명보다는 구체적인 사람들의 삶과 죽음을 떠올리게 한다. 도로, 건물, 공장이라는 인공물을 짓고 운용하고 관리하는 데에 많은 사람의 생계가 달려 있고 또 목숨이 달려 있다. 특히 한국에서 인공물을 만들고 유지하는 현장은 여전히 허술하고 위태롭다. 흔히 '산업 재해', '산재 사고'라는 말로 지칭하는 죽음이 매주 자기 몸무게만큼 인공물을 생산하면서 살아가는 사람들에게 수시로 닥치고 있다.

생물보다 인공물이 더 흔해진 지금 우리는 사고의 개념을 다시 정의해야 한다. 인공물로 가득한 세계에서 사고는 이제 "뜻밖에 갑자기 일어난 좋지 않은 일"(『고려대 한국어대사전』)이 아니다. 우리가 인공물에 둘러싸여 일하다가 죽을 때, 이것은 우리의 먼 조상이 별안간 번개가 치거나 화산이 폭발해서 죽던 것과 다르다. 인간이 설계하고 만든 현장에서 왜 인간이 추락하고 절단되는지 우리는 잘 알고 있고 어떻게 막을 수 있는지도 잘 알고 있다. 그래서 인공물의 세계에서 일어나는 사고는 대체로 예견된 사고이다. 우리의 지식 범위 안에 있는 일이다.

예견할 수 있는 사고, 이미 가진 지식을 벗어나지 않는 사고, 그러니까 뜻밖이 아닌 사고는 인간과 조직과 제도에 그 책임이 있다. 사람이 콘크리트로 건물을 짓다가 콘크리트 바닥으로 떨어져 죽을 때, 공장에서 기계 밑을 살피러 들어갔다가 몸이 끼어 죽을 때, 지하철 선로에 들어가 고장 난 문을 수리하다가 열차에 치여 죽을 때, 그것은 하늘의 뜻이나 우연한 불행이 아니라 인공의 사고, 인공의 죽음이다. 원인을 조사하고 잘잘못을 가려서 앞으로 되풀이되지 않도록 애써야 할 죽음이다.

2018년 연말 태안 화력발전소에서 사고 아닌 사고로 아들 김용균을 잃은 김미숙 씨가 중대재해기업처벌법 제정을 촉구하며 단식 농성을 하는 마음도 그럴 것이다. 김미숙 씨는 아들을 앗아간 발전소만큼 거대한 콘크리트 덩어리인 국회의사당과 맞서고 있다. 2021년에는 이 땅에서 인간과 인공물의 관계가 죽음이 아니라 삶으로 구성되기를 희망한다.

포스트휴먼은 과연 올 것인가

우리는 포스트휴먼 시대를 살고 있는가? 아직 아니라면 앞으로 포스트휴먼 시대가 도래하긴 할 것인가? 인간은 인간이 아니면서도 인간 같은 존재, 혹은 인간이면서도 인간을 넘어서는 존재라는 포스트휴먼과 곧 대면하게 될 것인가? 포스트휴먼이 상상이 아닌 현실에서 등장하리라는 단초는 과연 어디에서 발견할 수 있는가?

어떤 존재로서 포스트휴먼을 말할 때 우리는 대체로 두 가지를 상상한다. 인간이 테크놀로지를 통해 또는 테크놀로지와 결합하여 전통적인 인간이 아닌 다른 존재가 되는 것. 그리고 인간이 창조한 인공적인 존재가 마침내 인간과 구별할 수 없을 정도로 인간과 가까워지는 것. 전자를 말할 때 우리는 〈로보캅RoboCop〉, 〈아이언맨Iron Man〉 같은 영화를 인용하고, 후자를 말할 때 〈그녀Her〉, 〈엑스 마키나Ex Machina〉같은 영화를 끌어온다. 영화 속 사이보그, 인공지능, 로봇은 포스트휴먼이라는 추상적인 단어에 현실감을 부여하고, 그에 대한 기대와 공포를 함께 부추긴다.

이 글의 목적은 이런 영화들을 참조하지 않고 포스트휴먼에 대해 얘기하는 것이다. 전자의 포스트휴먼을 말할 때 우리는 영화 속 '아이언맨' 대신 현실에서 '아이언맨' 또는 '사이보그'라고 불리는 존재들을 찾아볼 수 있다. 2020년 11월에 열린 사이배슬론Cybathlon 국제대회에 참여하면서 첨단공학 기술과 결합한 장애인 선수들이 그 사례로 인용될 때도 있다. 후자의 포스트휴먼이 과연 존재하는지 말하기 위해서는 대학과 기업에서 개발하고, 시험하고, 출시하여 사용하고 있는 실제 로봇을 살펴볼 수 있다. 장애인 선수들을 테크놀로지와 결합한 사이보그나 아이언맨으로 부르고 이들을 미래에 도래할 새로운 인간형인 것처럼 묘사하는 것에 대해서는 별도의 비판적인 논의가 필요하다. 하지만 이 글에서는 그보다는 후자의 포스트휴먼이 도래할 가능성, 즉 인간이 창조한 로봇이 인간과 구별하기 어려운 모양과 특성을 지닌 존재로 받아들여지는 것에 초점을 맞추기로 한다. 영화가 아닌 현실에서 로봇은 과연 인간과 흡사한 존재, 인간과 대등한 관계를 맺고 공존하는 존재가 되어가고 있는가? 그렇게 생각하고 기대할 만한 근거는 어디에 있는가?

많은 로봇공학자들이 인간형 로봇을 개발하여 인간과 로봇이 상호작용하는 시나리오를 구현하고자 노력한다. 이들은 로봇과 인간이 직접 마주치는 상황에서는 로봇이 인간과 닮은 형태일 때 더 나은 서비스와 상호작용이 가능하다고 기대한다. 인간-로봇 상호작용HRI 분야에서는 로봇의 '인간다움'에 대한 연구가 계속되고 있다. 영화가 아니라 현실에서 공학자들이 만들고 있는 로봇은 과연 얼마나 인간처럼 생겼을까? 우리는 앞으로 몇 년 내에 길거리에서 인간과 구분하기 어려운 로봇을 마주치게 될 것인가?

대부분의 사람들에게 영화 속 캐릭터가 아닌 진짜 로봇을 눈으로 볼 기회는 많지 않다. 뉴스 영상에 등장하는 로봇도 영화에서 빌려온 경우가 많다. 또 극소수의 실제 로봇만 반복적으로 미디어에 노출되면서 주목을 받는다. 픽션이 아니라 현실 세계에 존재하는 로봇이 과연 얼마나 인간을 닮았는지 확인하기 위해서 참고할 만한 곳으로 ABOTanthropomorphic robot 데이터베이스가 있다. 브라운 대학 연구진이 2018년 처음 공개한 ABOT은 현존하는 인간 형태의 로봇 정보를 다량 보유하고 있다. 연구용이나 상업용으로 개발된 실제 로봇 중 얼굴과 몸의 형상을 인간에게서 따왔다고 할 만한 것들을 최대한 많이 모아 두었다.

2020년 기준으로 이 데이터베이스에는 모두 251종의 인간 형태 로봇anthropomorphic robot이 들어 있다. 관점에 따라 많다고 할 수도 있고 적다고 할 수도 있는 데이터다. 인간과 로봇이 대등하게 공존하면서 관계를 맺는 상상을 이렇게나 오래 해왔는데도 인간을 본떴다고 할 수 있는 로봇이 아직 251종에 불과하다고 실망할 수도 있고, 포스트휴먼의 후보가 될 만한 로봇이 251종이나 된다고 기대를 할 수도 있다. 이 중에 정말 영화 속 캐릭터 같은 포스트휴먼이 들어있는 것일까? 데이터베이스를 잠시 들여다보면 그렇게 말하기는 어렵다.

현존하는 인간 형태 로봇을 가장 많이 모아놓은 ABOT 데이터베이스의 운영자들은 수집된 로봇 이미지를 이용해서 각 로봇의 인간유사성human-likeness을 0점에서 100점 사이의 점수로 표시했다. 로봇연구자가 아닌 일반인들을 온라인으로 섭외하여 로봇 사진을 보여주고 각 로봇의 생김새가 얼마나 인간과 가까운지 판단해서 점수를 주도록 했다.

251종의 로봇 중 인간유사성이 90점을 넘은 로봇은 네 종밖에 없다. 70점을 넘은 로봇을 다 합쳐도 11종에 불과하다. 2015년 미국 방위고등연구계획국DARPA이 주최한 재난로봇 대회에 참가하여 유명해진 휴보Hubo 모델은 43.32점을 받았고, 휴보의 몸에 물리학자 알베르트 아인슈타인의 머리를 붙인 알버트 휴보Albert Hubo는 그보다 훨씬 높은 63.72점을 받았다. 아인슈타인의 얼굴을 꽤 사실적으로 재현한 로봇 얼굴이 득점에 도움이 되었을 것이다. 알버트 휴보를 제작한 핸슨로보틱스Hanson Robotics가 내놓은 여성형 로봇 소피아는 78.88점을 받았다. 소피아는 몇 년 전 사우디아라비아에서 명예시민권을 받았다고 해서 널리 알려진 바 있고, 2018년 1월에는 한국에 와서 '4차 산업혁명, 로봇 소피아에게 묻다'라는 컨퍼런스에 참석하기도 했다. 당시 노란색과 빨간색 한복을 입은 모습이 화제가 되었던 바로 그 로봇이다.

ABOT 데이터베이스에 있는 로봇들의 인간유사성 평균은 100점 만점에 겨우 33.81점이다(중앙값 31.76). 전체 로봇의 82%가 50점 미만의 점수를 받았다. 간단히 말해, 현재 나와 있는 인간 모양 로봇들은 대체로 인간과 유사하다는 느낌을 주지 못한다. 가까운 미래에 우리가 이 로봇들을 인간과 구별하지 못하게 될 가능성은 별로 없다.

ABOT 데이터베이스에서 가장 높은 인간유사성 점수(96.95)를 받은 로봇 '나딘Nadine'은 스위스 제네바 대학의 나디아 탈만 교수 연구진이 개발했다. 탈만 교수를 닮은 얼굴을 한 나딘은 손을 흔들기도 하고 묻는 말에 대답을 하기도 한다. 2017년 싱가포르 아트사이언스 박물관ArtScience Museum에서 열린 '휴먼 플러스Human+' 전시에 등장하여 탈만 교수와 대화를 나누고 방문객들을 만나는 나딘의 영상은 유튜브에서 볼 수 있다. 현존하는 로봇 중 가장 인간유사성이 높다고 평가받은 로봇이라 큰 기대를 가질 수도 있겠지만, 막상 영상을 보면 나딘을 두고 포스트휴먼의 도래를 점칠 필요까지는 없어 보인다. 나딘은 포스트휴먼이 아니라 아주 잘 만든 로봇이다.

나딘의 이미지에서 '섬뜩함의 계곡(언캐니 밸리uncanny valley)'을 떠올리는 사람도 있을 것이다. '언캐니 밸리'는 로봇이 인간과 유사해질수록 로봇에 대한 친밀감이 점점 증가하지만, 인간과 구별하기 어려운 지점에 도달하기 직전에 그 친밀감이 급격히 감소하여 모종의 섬뜩함이나 불길함을 느끼게 되는 구간이 있다는 가설이다.

2020년 4월에 발표한 논문에서 한 미국 연구진은 ABOT 데이터베이스를 가지고 언캐니 밸리의 존재를 검증하려고 시도했다. 데이터베이스에 있는 로봇 251종의 이미지를 실험 참가자들에게 보여주고 '섬뜩함uncanniness'의 정도를 표시하도록 했다. 이들은 인간유사성이 70점에서 90점 사이에 있는 로봇들이 언캐니 밸리에 빠진다고 보았다. 251종의 로봇 중 일곱 종이 이에 해당한다. 인간유사성 78.88점을 받은 소피아가 바로 언캐니 밸리의 가장 깊은 지점 근처에 놓일 것이다. 반면 96.95점을 받은 나딘은 언캐니 밸리를 탈출하여 다시 상당히 높은 친밀감을 느끼는 지점에 놓이게 된다.

어떤 식으로든 인간과 비슷하다고 여길 수 있는 거의 모든 로봇을 모아서 언캐니 밸리 곡선을 확인한 것은 포스트휴먼의 도래에 대한 전망에 어떤 의미가 있을까? 우리는 언캐니 밸리를 걱정할 만큼 인간과 유사해진 로봇들의 등장을 목격하고 있는 것일까? 앞으로 점점 더 많은 로봇들이 언캐니 밸리를 빠져나와 마침내 인간과 구별할 수 없는 단계에 도달하게 될까? 주관적인 판단일 뿐이지만, 언캐니 밸리에 빠진 소피아와 밸리를 벗어난 나딘의 이미지를 비교해 보면서 그런 기대를 품기는 쉽지 않다. 소피아와 나딘 어느 쪽이든 영화 〈엑스 마키나〉를 보며 사람들이 상상하는 포스트휴먼, 즉 인간이 창조했으나 인간과 구별하기 어려운 존재로 나아갈 가능성을 보여주지는 못한다. 현실의 포스트휴먼은 아직 먼 얘기다.

포스트휴먼의 가능성을 로봇의 겉모습에서 찾을 것이 아니라 로봇의 생각과 행동, 특히 인간과 같은 자율성을 보여주는 생각과 행동에서 찾아보면 어떨까? 결국 중요한 것은 포스트휴먼의 생김새가 아니라 인간과 대등하게 관계를 맺을 만한 생각과 행동의 수준이 아니겠는가? 이세돌 9단을 이긴 알파고, 심심치 않게 뉴스에 등장하는 자율주행차 등 날이 갈수록 발전하는 인공지능 기술을 보면 포스트휴먼의 등장은 자율적 판단과 행동의 주체를 통해 가능해질 것도 같다. 인간과 자유롭게 대화를 하거나 인간의 지시 없이도 스스로 판단하고 행동에 옮기는 존재가 있다면 겉모습과 관계없이 포스트휴먼이라고 부를 수도 있을 것이다. 〈그녀〉와 〈엑스 마키나〉를 비롯해서 이런 존재가 등장하는 영화의 목록은 계속 길어지고 있다.

그러나 실제 현실에 존재하는 로봇이나 인공지능은 그렇게 자유롭거나 자율적이지 않다. 중요한 임무에 투입되고 있는 로봇을 깊이 있게 관찰해보면, 흔히 자동으로 혹은 자율적으로 작동한다고 여겨지는 로봇들도 모두 제한적인 의미에서만 자율성을 발휘한다. 아무리 첨단 로봇이라고 해도 엔지니어와 오퍼레이터가 미리 설계하고 설정한 범위 안에서, 미리 테스트한 조건에 따라, 미리 지정된 방식으로 작동하고 있으며, 그 작동 방식을 피상적으로 파악한 경우에만 마치 로봇이 완전한 자율성을 가진 것처럼 오해하게 된다.

공학자이자 역사학자인 데이비드 민델David Mindell은 심해탐사 로봇, 민간 항공기 시스템, 드론 시스템, 화성탐사 로봇 등 위험한 환경에서 민감한 작업을 수행하는 로봇의 실제 작동 양식을 분석하여 우리가 흔히 생각하는 유인-무인, 수동-자동, 타율-자율의 구분이 그다지 효과적이지 않다는 것을 보여 주었다. 로봇과 인공지능 기술이 충분히 발전하면 이들이 인간의 영향으로부터 독립하여 스스로 판단하고 행동할 것이라는 생각을 민델은 '완전 자율성의 신화'라고 비판한다.

인간이 개입하는 시간, 장소, 방식이 계속 변화하고 있을 뿐, 로봇은 끊임없이 인간과 연결을 맺고 있는 상태에서 작동하고 있으며, 가끔 특정한 상황에서 마치 자율적으로 행동하는 것처럼 보일 뿐이라는 것이다. 더 첨단의 로봇일수록, 더 중요한 임무를 수행할수록, 로봇은 인간으로부터 독립할 것이 아니라 인간과 더 세밀한 관계를 맺어야 한다. 우리가 영화에서 보는 것처럼 온전히 스스로 판단하고 행동하는 로봇은 오히려 위험한 결과를 낳을 수 있으며, 현실의 로봇 연구는 그런 식의 자율성을 추구할 이유가 별로 없다. 즉 생김새가 아닌 역할의 관점에서 보아도, 우리가 영화를 통해 상상하는 포스트휴먼은 현실성이 부족하다.

로봇이 인간과 구별하기 어려운 겉모습을 가질 것이라는 기대, 로봇이 인간의 개입 없이 자율적으로 행동할 것이라는 기대. 이렇게 두 가지 기대가 포스트휴먼의 도래, 즉 인간과 (인간을 닮은) 비인간이 공존하는 사회의 도래에 대한 논의의 바탕을 이루고 있다. 그러나 실제로 존재하면서 제대로 작동하고 있는 로봇들을 관찰하고 분석해보면, 포스트휴먼의 가능성을 로봇과 인공지능 기술 자체에서 찾기는 어렵다. 현재의 로봇과 인공지능 기술 수준이 아직 낮다고 지적하려는 것이 아니다. 인간 같은 로봇에 집착할 것이 아니라 로봇과 인공지능이 인간 사회 속에서 각종 임무를 안전하고 효과적으로 수행하도록 하는 일에 집중하자는 것이다. 앞서 인용한 데이비드 민델이 지적하고 있듯이, 새롭게 등장해야 하는 것은 인간과 똑같은 로봇이라는 포스트휴먼이 아니라, 구체적인 시공간 속에서 구체적인 업무를 두고 인간과 로봇이 맺는 관계이다. 〈그녀〉와 〈엑스 마키나〉 같은 영화를 참조하는 대신 실제 인간과 로봇 관계를 현장에서 관찰하고 분석할 때 포스트휴먼에 대한 우리의 논의도 보다 현실적인 방향으로 나아갈 수 있다.

많은 이들의 기대나 공포와 달리 로봇은 인간의 자리를 차지하지 않는다. 인간이든 로봇이든 갑자기 밀려나고 퇴출될 이유가 없다. 인간 세상에 들어오는 로봇에게는 적당한 로봇의 자리가 필요하고, 그 자리를 찾아주는 것은 인간의 일이다. 로봇과 같이 할 수 있는 일을 찾는 것도 인간의 일이다. 그렇게 하는 중에 인간도 자기 자리를 조금 옮겨 잡는다. 대략 이 정도가 인간이 감당할 만하고 인간에게 도움이 되는 포스트휴먼의 조건이다.

출처

1장. 인간과 인조인간

- 로봇에 대해 우리가 물어야 하는 것: 『에피』 2020년 봄호(통권 11호)에 「로봇에 대해 말할 때 우리가 물어야 하는 것」이라는 제목으로 게재.
- 로봇에게 묻지 말아야 할 것: 『경향신문』 2018년 2월 1일 자에 「'로봇시민권자'와 한국 사회의 민낯」이라는 제목으로 게재.
- 난민과 로봇: 『한겨레』 2018년 7월 13일 자에 같은 제목으로 게재.
- 스티븐 호킹과 '4차 인간': 『한겨레』 2018년 3월 23일 자에 같은 제목으로 게재.
- 같은 걸음, 다른 세상: 『한겨레』 2016년 10월 21일 자에 「로봇과 파일럿」이라는 제목으로 게재.
- 돌봄 로봇은 누구를 돌볼까: 『한겨레』 2019년 6월 7일 자에 같은 제목으로 게재.
- 모험하는 로봇, 방황하는 인간: 『인문예술잡지 F』 2016년 여름호에 같은 제목으로 게재.

2장 인공지능의 배신

- 자율 없는 사회의 자율기술: 『한겨레』 2016년 7월 22일 자에 같은 제목으로 게재.
- 회장님의 자율주행차: 『한겨레』 2017년 7월 28일 자에 같은 제목으로 게재.
- 여자 대 자율주행차: 『한겨레』 2017년 11월 24일 자에 같은 제목으로 게재.
- 조마조마 자율주행: 『경향신문』 2018년 3월 29일 자에 「2030년, 자율주행차가 달려도 괜찮을까?」라는 제목으로 게재.
- 자율주행 시대의 운전: 『에피』 2018년 여름호(통권 4호)에 「운전대 없는 세계: 누가 자율주행차를 두려워하는가」라는 제목으로 게재.
- '도전! 골든벨' 유감: 『한겨레』 2019년 7월 5일 자에 같은 제목으로 게재.
- "내가 다 알아볼 테니까": 『한겨레』 2018년 10월 5일 자에 같은 제목으로 게재.
- 무심코 그린 얼굴: 『한겨레』 2020년 7월 3일 자에 같은 제목으로 게재.
- 단 사람이 죽지 않아야 한다: 『한겨레』 2020년 10월 30일 자에 「'단, 사람이 죽지 않아야 한다' 택배 알고리즘을 다시 짜자」라는 제목으로 게재.
- 이루다는 몇 살이었나: 『한겨레』 2021년 1월 15일 자에 같은 제목으로 게재.
- 인공지능이 칼이 될 때: 『한겨레』 2020년 1월 17일 자에 같은 제목으로 게재.

3장 사람이 지키는 세상

- 기술의 무거움에 대하여: 『한겨레』 2018년 11월 30일 자에 같은 제목으로 게재.
- 성급한 무인화의 오류: 『한겨레』 2019년 1월 25일 자에 같은 제목으로 게재.
- 메인테이너, 세상을 지키는 사람: 『한겨레』 2017년 6월 2일 자에 「메인테이너, 지키는 사람」 이라는 제목으로 게재.
- 한 명 더 부탁드립니다: 『한겨레』 2017년 12월 22일 자에 같은 제목으로 게재.
- 사람대접, '로봇대접': 『한겨레』 2018년 12월 28일 자에 「사람대접, 로봇 대접」이라는 제목으로 게재.
- 로봇의 배신: 『한겨레』 2021년 6월 4일 자에 같은 제목으로 게재.

4장 오지 않을 미래

- 동굴로 간 로켓: 『경향신문』 2018년 7월 19일 자에 같은 제목으로 게재.
- 다사다난했던 2045년: 『경향신문』 2017년 8월 10일 자에 같은 제목으로 게재.
- 11991년의 인류에게 보내는 경고: 『경향신문』 2017년 12월 7일 자에 같은 제목으로 게재.
- 2093년, 인류의 몰락: 『경향신문』 2017년 10월 12일 자에 같은 제목으로 게재.
- 인공지능과 인공지구: 『경향신문』 2018년 9월 13일 자에 같은 제목으로 게재.
- 콘크리트 앞에서: 『한겨레』 2020년 12월 25일 자에 같은 제목으로 게재.

- 포스트휴먼은 과연 올 것인가: 과학전문 웹진 『HORIZON』 2021년 1월 15일 자에 같은 제목으로 게재.

로봇의 자리

사람이 아닌 것들과 함께 사는 방법

지은이 전치형

처음 펴낸날
2021년 9월 8일

펴낸이 주일우
펴낸곳 이음
출판등록 제2005-000137호 (2005년 6월 27일)
주소 서울시 마포구 월드컵북로1길 52 운복빌딩 3층
전화 02-3141-6126 | 팩스 02-6455-4207
전자우편 editor@eumbooks.com
홈페이지 http://www.eumbooks.com

편집 김소원
아트디렉션 박연주 | 디자인 권소연
홍보 김예지 | 지원 추성욱
인쇄 삼성인쇄

페이스북
@eum.publisher
인스타그램
@eumbooks

ISBN 979-11-90944-34-2 04330
979-11-90944-32-8 (세트)

값 16,000원